开放之城

建设国际门户枢纽

成都市商务局 主编

中国社会科学出版社

图书在版编目（CIP）数据

开放之城：建设国际门户枢纽 / 成都市商务局主编.
—北京：中国社会科学出版社，2022.9
（新发展理念的成都实践）
ISBN 978 - 7 - 5227 - 0878 - 2

Ⅰ.①开⋯　Ⅱ.①成⋯　Ⅲ.①城市建设—研究—成都
Ⅳ.① F299.277.11

中国版本图书馆 CIP 数据核字（2022）第 178912 号

出 版 人	赵剑英
责任编辑	喻　苗
特约编辑	胡新芳
责任校对	任晓晓
责任印制	王　超

出　　版	中国社会科学出版社
社　　址	北京鼓楼西大街甲 158 号
邮　　编	100720
网　　址	http://www.csspw.cn
发 行 部	010 - 84083685
门 市 部	010 - 84029450
经　　销	新华书店及其他书店

印刷装订	北京明恒达印务有限公司
版　　次	2022 年 9 月第 1 版
印　　次	2022 年 9 月第 1 次印刷

开　　本	710×1000　1/16
印　　张	11.75
字　　数	175 千字
定　　价	96.00 元

凡购买中国社会科学出版社图书，如有质量问题请与本社营销中心联系调换
电话：010 - 84083683
版权所有　侵权必究

编委会

主　编　张金泉

副主编　朱　容　张　文　屈　松　毛国洪
　　　　　李晓勇　周立志　王有辉　文　锋
　　　　　林　娜　吴东伟　徐晓眉

编　委　扈静春　谭凤海　朱　军　王　倮
　　　　　欧　林　叶思恒　唐　霞　秦铃枝
　　　　　赵爱清　孟　浩　马玉宝

前言 PREFACE

大城使命的关键抉择

有开放的国家,才有开放的城市。这是《城市的胜利》作者格莱泽的观点,更是如今的一个普遍共识。当今世界,伴随着城市化的不断加快,已有超过半数的人生活在城市之中。这意味着,当一个国家不断向世界开放时,实际上,也是一个个城市在向着全球敞开胸怀。

迈入新时代,中国正加快改写现代化的世界版图。党的十八大以来,中央从战略和全局的高度,统筹东中西、协调南北方,进一步优化经济发展空间格局。习近平总书记提出"一带一路"倡议和人类命运共同体理念,深刻改变了中国对外开放格局,开创了全球互联互通新局面。

成都是"一带一路"建设和长江经济带发展的重要节点,是代表四川参与全球合作竞争的"主干"城市。推动内陆和沿海沿边沿江协同开放,打造立体全面开放新格局,是这座城市的使命与责任。成都坚定贯彻、主动担当,确立了建设国际门户枢纽城市的战略目标。

市第十三次党代会以来,成都始终将开放创新作为新时代城市发展的最大变量和最强动能——跳出盆地,在更大范围拓展载体和空间;展开双翼,以更大格局实现更大发展。当下的成都,剑指可持续发展的世界城市,正努力成为世界市场中那个不可替代的"节点",如新加坡、迪拜等城市那样,不囿于先天条件的限制,全力以赴建立自己的枢纽地位。

这一抉择,源于改革开放伟大实践的深刻启示,改革开放40多年的砥砺前行,生动书写了国家和民族发展的壮丽史诗,也带来"开放带来进步，封闭必然落后"的珍贵启示；40多年的辉煌历程，也是成都实现从内陆腹地到开放前沿、从区域中心城市到国家中心城市华丽转身的跨越历程。成都的发展进步证明，只有走出盆地局限、树立全球思维才能跟上时代、后发超越。

这一抉择，源于全面开放新格局带来的时代机遇，"一带一路"建设构建起陆海内外联动、东西双向互济全面开放新格局，使成都由第一轮开放的"内陆腹地"跃升为第二轮开放的"前沿高地"，作为距离欧洲最近的国家中心城市，建设国际门户枢纽城市，为成都融入全球提供了时代机遇，也为世界深耕中国西部提供了战略支点。

这一抉择，源于服务"一带一路"的实践探索，汉代，成都就是南丝绸之路的起点和北丝绸之路的货源地。今天，从成都出发的航线覆盖全球主要中心城市，2020年，国际航线数量稳居全国第四，天府国际机场投用后，将形成年吞吐量1.5亿人次的"一市两场"国际航空枢纽；从成都出发的"蓉欧+"国际班列覆盖20多个海外城市，14个国内城市。以成都为枢纽的国际通道串联起西部12省（区、市）广袤腹地和泛欧泛亚广阔市场，使成都正成为世界城市体系的重要节点。

这一抉择，源于城市发展战略目标的现实之需，2020年成都经济总量达1.77万亿元，入选世界城市体系Beta+级，居全球第59位。新时代新机遇，唯有紧跟时代步伐，在全球互联互通中加快建成中国西部国际门户枢纽，才能在中华民族伟大复兴中成长为世界城市。

从内陆腹地到开放前沿，成都已进入用世界城市体系标定成长坐标、用市民美好生活向往擘画发展蓝图的全新阶段。以全球视野谋划国际战略通道建设、以供应链思维谋划国际物流体系建设、以自贸区为载体谋划国际投资贸易平台建设、以企业需求为导向构建国际一流营商环境——一步步融入全球产业链价值链高端的成都，正以更加开放的姿态参与到国际合作之中。

乘民族复兴之势，共享新时代的机遇。在成都，与世界共呼吸、与城市同逐新！

目录 CONTENT

第一章　总论：国际门户枢纽城市建设的战略构想　// 1

第一节　习近平总书记关于开放发展的战略思想　// 2
第二节　国际门户枢纽城市的内涵与要求　// 13
第三节　成都建设国际门户枢纽的路径选择　// 36

第二章　突破开放区位制约：从内陆腹地到开放前沿　// 41

第一节　百年未有之大变局　// 42
第二节　双循环新发展格局　// 47
第三节　成都建设国际门户枢纽城市优势　// 51

第三章　破除开放通道瓶颈：从蜀道难到"全球通"　// 61

第一节　构建亚蓉欧陆海空联运战略大通道　// 62
第二节　强化成都国际航空枢纽地位　// 70
第三节　打造国际铁路枢纽　// 75
第四节　建设国际通信枢纽　// 81

第四章　补齐开放功能短板：从辐射西部到经略全球 // 93

  第一节　培育新消费产业 // 94

  第二节　打造消费新场景 // 101

  第三节　建设国际消费载体 // 105

第五章　构建产业开放生态：从承接跟随到创新引领 // 111

  第一节　营造全球开放产业共同体 // 112

  第二节　打造全球贸易战略节点 // 116

  第三节　塑造全球投资优选高地 // 127

第六章　营造开放平台优势：从借船出海到千帆竞发 // 139

  第一节　打造高水平制度创新平台 // 140

  第二节　夯实高能级双向开放平台 // 147

  第三节　构筑国际交往平台 // 155

  第四节　建设高效的政务服务平台 // 173

参考文献 // 177

后记　中国的成都　世界的枢纽 // 179

第一章

总论：国际门户枢纽城市建设的战略构想

当今时代，谁成为国际门户枢纽城市，谁就能占据全球城市网络体系的节点位置，就可能成为世界城市。党的十八大以来，以习近平同志为核心的党中央统筹国内国际两个大局，推进对外开放理论和实践创新，不断提高对外开放水平，标定了成都服务国家开放战略的城市方位，是新形势下成都全面开放合作的战略指引。2017年12月，成都市委十三届二次全会召开，确立了"三步走"战略目标，到2035年全面建成泛欧泛亚具有重要影响力的国际门户枢纽城市，赋予了成都新的城市战略定位。遵循规律，结合实际，成都着眼长远、立足当前，全力谋划部署国际门户枢纽城市建设。

第一节
习近平总书记关于开放发展的战略思想

党的十八大以来，习近平总书记以纵览全球的宏大视野和国际眼光，把开放纳入新发展理念，系统回答了新时代要不要开放、要什么样的开放、如何更好推动开放等重大命题，为我们做好新时代对外开放工作提供了根本遵循，为回答当今世界"时代之问"提供了中国答案，也为发展开放型世界经济、构建人类命运共同体提供了中国方案。

一 深入学习领会关于人类命运共同体的重要思想

党的十八大以来，习近平总书记站在人类历史和时代发展的高度，统筹国内国际两个大局，高屋建瓴地提出构建人类命运共同体重要战略思想。这是习近平总书记着眼人类发展和世界前途提出的中国理念、中国方案，是21世纪的马克思主义和当代中国的马克思主义的重要组成部分之一。在政治上：要相互尊重、平等协商，坚决摒弃冷战思维和强权政治，走对话而不对抗、结伴而不结盟的国与国交往新路。习近平总书记明确指出，构建"人类命运共同体"，就是希望各国都要建立平等相待、互商互谅的伙伴关系，能够基于自愿自觉形成一种自然聚合。中国主张"结伴而不结盟"，在发展与别国的双边关系时，主张建立具有中国外交特色的以合作共赢为核心的新型国际关系。在安全上：要坚持对话解决争端、以协商化解分歧，统筹应对传统和非传统安全威胁，反对一切形式的恐怖主义。要恪守尊重主权、独立和领土完整、互不干涉内政等国际关系基本准则，统筹维护传统和非传统安全。各国都有平等参与地区安全事务的权利，也都有维护地区安全的责任，要以对话协商、互利合作的方式解决安全问题。在经济上：同舟共济，促进贸易和投资自由化便利化，推动经济全球化朝着更加开放、包容、普惠、平衡、共赢的方向发展。着眼推进开放、包容、普惠、平衡、共赢的经济全球化和构建开放型世界经济，为推动全球贸易发展和促进世界经济增长建言献策。要加强全球经济治理，解决南北之间和地区内部发展失衡问题，让发展成果更多惠及全体人民，为世界经济全面可持续增长提供新动力。在文化上：要尊重世界文明多样性，以文明交流超越文明隔阂、文明互鉴超越文明冲突、文明共存超越文明优越。要促进和而不同、兼收并蓄的文明交流对话，在竞争比较中取长补短，在交流互鉴中共同发展，使文明交流互鉴成为增进各国人民友谊的桥梁、推动人类社会进步的动力。在生态上：要坚持环境友好，合作应对气候变化，保护好人类赖以生存的地球家园。要解决好工业文明带来的矛盾，以人与自然和谐相处为目的，实现世界的可持续发展和人的全面发展。要牢固树立尊重自然、顺应自然、保护自然的意识，绿水青山就是金山银山。要坚持走绿色、低碳、循环、可持续发展之路，平衡推进2030年可持续发展议程，采取行动应对气候变化等新挑战，不断开拓生产发展、生活富裕、生态良好的文明发展道路，构筑尊崇自然、绿色发展的全球生态体系。

> **专栏 1-1-1：习近平总书记关于构建人类命运共同体的重要论述**
>
> 　　这个世界，各国相互联系、相互依存的程度空前加深，人类生活在同一个地球村里，生活在历史和现实交汇的同一个时空里，越来越成为你中有我、我中有你的命运共同体。
>
> 　　——在莫斯科国际关系学院发表题为《顺应时代前进潮流　促进世界和平发展》的重要演讲（2013年3月）
>
> 　　在联合国迎来又一个10年之际，让我们更加紧密地团结起来，携手构建合作共赢新伙伴，同心打造人类命运共同体。让铸剑为犁、永不再战的理念深植人心，让发展繁荣、公平正义的理念践行人间！
>
> 　　——在联合国成立70周年系列峰会上发表题为《携手构建合作共赢新伙伴　同心打造人类命运共同体》的主旨演讲（2015年9月）

> 让和平的薪火代代相传，让发展的动力源源不断，让文明的光芒熠熠生辉，是各国人民的期待，也是我们这一代政治家应有的担当。中国方案是：构建人类命运共同体，实现共赢共享。
>
> ——在联合国日内瓦总部上发表题为《共同构建人类命运共同体》的主旨演讲（2017年1月）
>
> 人类命运共同体，顾名思义，就是每个民族、每个国家的前途命运都紧紧联系在一起，应该风雨同舟，荣辱与共，努力把我们生于斯、长于斯的这个星球建成一个和睦的大家庭，把世界各国人民对美好生活的向往变成现实。
>
> ——在中国共产党与世界政党高层对话会上发表题为《携手建设更加美好的世界》的主旨演讲（2017年12月）
>
> 文明因多样而交流，因交流而互鉴，因互鉴而发展。我们要加强世界上不同国家、不同民族、不同文化的交流互鉴，夯实共建亚洲命运共同体、人类命运共同体的人文基础。
>
> ——在亚洲文明对话大会开幕式上发表题为《深化文明交流互鉴 共建亚洲命运共同体》的主旨演讲（2017年12月）

二　深入学习领会关于"一带一路"倡议重要思想

在党的十九大报告中，习近平总书记明确指出，"中国坚持对外开放的基本国策，坚持打开国门搞建设，积极促进'一带一路'国际合作，努力实现政策沟通、设施联通、贸易畅通、资金融通、民心相通，打造国际合作新平台，增添共同发展新动力"。其中，加强政策沟通是"一带一路"建设的重要保障。构建沿线国家多层次政府间经济发展战略、宏观经济政策、重大规划项目对接的机制，为更多国家和地区跨国界的国际化大流通创造一个透明的、可预见的外部市场环境。基础设施互联互通是"一带一路"建设的优先领域。在尊重相关国家主权和安全关切的基础上，推动沿线各国加强基础设施建设规划、技术标准体系对接，共同推进交通、能源、信息等国际骨干通道建设，逐步形成连接亚洲各次区域以及亚欧非之间的基础设施网络。投资贸易合作是"一带一路"建设的重点内容。着力研究解决投资贸易便利化问题，消除投资和贸易壁垒，构建区域内和各国良好的营商环境，积极同沿线国家和地区共同商建自由贸易区，激发释放合作潜力，做大做好合作"蛋糕"。资金融通是"一带一路"建设的重要支撑。有效发挥金融在"一带一路"建设中的重要支撑作用，以市场化为原则，发挥地缘、成本、规模、配套和政策支持四大优势，整合政策性金融、开发性金融、商业性金融资源，构建和完善多层次、多种类的金融服务体系。民心相通是"一带一路"建设的社会根基。传承和弘扬丝绸之路友好合作精神，广泛开展文化交流、学术往来、人才交流合作、媒体合作、青年和妇女交往、志愿者服务等，为深化双多边合作奠定坚实的民意基础。

> **专栏 1-1-2：习近平总书记关于"一带一路"倡议的重要论述**
>
> 为了使我们欧亚各国经济联系更加紧密、相互合作更加深入、发展空间更加广阔，我们可以用创新的合作模式，共同建设"丝绸之路经济带"。这是一项造福沿途各国人民的大事业。
>
> 丝绸之路经济带总人口近30亿，市场规模和潜力独一无二。各国在贸易和投资领域合作潜力巨大。各方应该就贸易和投资便利化问题进行探讨并作出适当安排，消除贸易壁垒，降低贸易和投资成本，提高区域经济循环速度和质量，实现互利共赢。
>
> ——在纳扎尔巴耶夫大学发表题为《弘扬人民友谊，共创美好未来》的演讲（2013年9月7日）
>
> 东南亚地区自古以来就是"海上丝绸之路"的重要枢纽，中国愿同东盟国家加强海上合作，使用好中国政府设立的中国—东盟海上合作基金，发展好海洋合作伙伴关系，共同建设21世纪"海上丝绸之

路"。中国愿通过扩大同东盟国家各领域务实合作,互通有无、优势互补,同东盟国家共享机遇、共迎挑战,实现共同发展、共同繁荣。

——在印度尼西亚国会发表题为《携手建设中国—东盟命运共同体》的演讲(2013年10月3日)

建设丝绸之路经济带、21世纪海上丝绸之路,是党中央统揽政治、外交、经济社会发展全局作出的重大战略决策,是实施新一轮扩大开放的重要举措,也是营造有利周边环境的重要举措。形象地说,这"一带一路",就是要再为我们这只大鹏插上两只翅膀,建设好了,大鹏就可以飞得更高更远。这也是我们对国际社会的一个承诺,一定要办好。

——《在中央经济工作会议上的讲话》(2013年12月)

"一带一路"建设秉持的是共商、共建、共享原则,不是封闭的,而是开放包容的;不是中国一家的独奏,而是沿线国家的合唱。"一带一路"建设、亚洲基础设施投资银行都是开放的,我们欢迎沿线国家和亚洲国家积极参与,也张开臂膀欢迎五大洲朋友共襄盛举。"一带一路"建设不是空洞的口号,而是看得见、摸得着的实际举措,将给地区国家带来实实在在的利益。

——在博鳌亚洲论坛2015年年会开幕式发表题为《迈向命运共同体　开创亚洲新未来》的主旨演讲(2015年3月)

中国愿同有关各方一道推进"一带一路"建设,共同建设好亚洲基础设施投资银行,发挥好丝路基金作用。中国将同有关国家一道,完善中国—东盟、中阿合作论坛、上海合作组织等合作平台,办好年内在南非召开的中非合作论坛第六届部长级会议。中国将继续推动南南合作及南北合作,共同维护地区和世界和平稳定,促进共同发展繁荣。

——在亚非领导人会议上发表题为《弘扬万隆精神　推进合作共赢》的讲话(2015年4月)

中国发展得益于国际社会,中国也要为全球发展作出贡献。我们推动共建"一带一路"、设立丝路基金、倡议成立亚洲基础设施投资银行等，目的是支持各国共同发展，而不是要谋求政治势力范围。"一带一路"是开放包容的，我们欢迎包括美国在内的世界各国和国际组织参与到合作中来。我们积极推动亚太区域经济一体化进程，推动实现亚太自由贸易区目标，是要推动形成自由开放、方便快捷、充满活力的亚太发展空间。我们倡导共同、综合、合作、可持续的安全观，是要同地区各国以及国际社会一道，维护好亚太和平和安全。

——在华盛顿州当地政府和美国友好团体联合欢迎宴会上发表的演讲（2015年9月）

"一带一路"源自中国，但属于世界。"一带一路"建设跨越不同地域、不同发展阶段、不同文明，是一个开放包容的合作平台，是各方共同打造的全球公共产品。它以亚欧大陆为重点，向所有志同道合的朋友开放，不排除、也不针对任何一方。

——在"一带一路"国际合作高峰论坛圆桌峰会上发表题为《开辟合作新起点 谋求发展新动力》的演讲（2017年5月）

面对时代命题，中国愿同国际合作伙伴共建"一带一路"。我们要通过这个国际合作新平台，增添共同发展新动力，把"一带一路"建设成为和平之路、繁荣之路、开放之路、绿色之路、创新之路、文明之路。

——在2018年中非合作论坛北京峰会开幕式上发表题为《携手共命运 同心促发展》的演讲（2018年9月）

从亚欧大陆到非洲、美洲、大洋洲，共建"一带一路"为世界经济增长开辟了新空间，为国际贸易和投资搭建了新平台，为完善全球经济治理拓展了新实践，为增进各国民生福祉作出了新贡献，成为共同的机遇之路、繁荣之路。事实证明，共建"一带一路"不仅为世界各国发展提供了新机遇，也为中国开放发展开辟了新天地。

——在2018年第二届"一带一路"国际合作高峰论坛开幕式上发表题为《齐心开创共建"一带一路"美好未来》的演讲

三 深入学习领会关于构建全面开放新格局的重要思想

党的十九大报告中，以习近平同志为核心的党中央适应经济全球化新趋势、准确判断国际形势新变化、深刻把握国内改革发展新要求，提出"推动形成全面开放新格局"，报告提出的全面开放内涵丰富，既包括开放范围扩大、领域拓宽、层次加深，也包括开放方式创新、布局优化、质量提升，是习近平新时代中国特色社会主义思想和基本方略的重要内容。其基本内涵在于，坚持引进来与走出去更好结合，拓展国民经济发展空间。在提高引进来质量和水平的同时，支持企业积极稳妥走出去。这既有利于保障能源资源供应、带动商品和服务输出、获取创新资源和营销网络，助力国民经济提质增效升级，也有利于促进东道国经济和社会发展，实现互利共赢。坚持沿海开放与内陆沿边开放更好结合，优化区域开放布局。要加大西部开放力度的部署，在深化沿海开放的同时，推动内陆和沿边地区从开放的洼地变为开放的高地，形成陆海内外联动、东西双向互济的开放格局，进而形成区域协调发展新格局。坚持制造领域开放与服务领域开放更好结合，以高水平开放促进深层次结构调整。大幅度放宽市场准入，扩大服务业对外开放。就是要在深化制造业开放的同时，重点推进金融、教育、文化、医疗等服务业领域有序开放，放开育幼养老、建筑设计、会计审计、商贸物流、电子商务等服务业领域外资准入限制。坚持向发达国家开放与向发展中国家开放更好结合，扩大同各国的利益交汇点。坚持向发达国家开放和向发展中国家开放并重，积极发展全球伙伴关系，全面发展同各国的平等互利合作，实现出口市场多元化、进口来源多元化、投资合作伙伴多元化。坚持多边开放与区域开放更好结合，做开放型世界经济的建设者贡献者。积极参与全球治理体系改革和建设，支持多边贸易体制，促进自由贸易区建设，推动建设开放型世界经济。这既是拓展自身开放空间的需要，也体现了维护国际经济秩序的责任担当。

专栏 1-1-3：习近平总书记关于构建全面开放新格局的重要论述

中国开放的大门不会关上。过去十年，中国全面履行入世承诺，商业环境更加开放和规范。中国将在更大范围、更宽领域、更深层次上提高开放型经济水平。中国的大门将继续对各国投资者开放，希望外国的大门也对中国投资者进一步敞开。我们坚决反对任何形式的保护主义，愿通过协商妥善解决同有关国家的经贸分歧，积极推动建立均衡、共赢、关注发展的多边经贸体制。

——在出席博鳌亚洲论坛2013年年会的中外企业家代表座谈时的讲话（2013年4月8日）

我们将实行更加积极主动的开放战略，完善互利共赢、多元平衡、安全高效的开放型经济体系，促进沿海内陆沿边开放优势互补，形成引领国际经济合作和竞争的开放区域，培育带动区域发展的开放高地。坚持出口和进口并重，推动对外贸易平衡发展；坚持"引进来"和"走出去"并重，提高国际投资合作水平；深化涉及投资、贸易体制改革，完善法律法规，为各国在华企业创造公平经营的法治环境。我们将统筹双边、多边、区域次区域开放合作，加快实施自由贸易区战略，推动同周边国家互联互通。

——在亚太经合组织工商领导人峰会上发表题为《深化改革开放，共创美好亚太》的演讲（2013年10月7日）

中国将贯彻创新、协调、绿色、开放、共享的发展理念，继续全面深化改革，坚持开放发展，顺应中国经济深度融入世界经济的趋势，奉行互利共赢的开放战略，发展更高层次的开放型经济。

——在会见基辛格等中美"二轨"高层对话美方代表时表示（2015年11月2日）

我们认为，融入世界经济是历史大方向，中国经济要发展，就要敢于到世界市场的汪洋大海中去游泳，如果永远不敢到大海中去经风雨、见世面，总有一天会在大海中溺水而亡。所以，中国勇敢迈向了世界市场。在这个过程中，我们呛过水，遇到过漩涡，遇到过风浪，但我们在游泳中学会了游泳。这是正确的战略抉择。

世界经济的大海，你要还是不要，都在那儿，是回避不了的。想人为切断各国经济的资金流、技术流、产品流、产业流、人员流，让世界经济的大海退回到一个一个孤立的小湖泊、小河流，是不可能的，也是不符合历史潮流的。

——在世界经济论坛2017年年会开幕式上发表题为《共担时代责任 共促全球发展》的主旨演讲（2015年11月2日）

推动形成全面开放新格局。开放带来进步，封闭必然落后。中国开放的大门不会关闭，只会越开越大。要以"一带一路"建设为重点，坚持引进来和走出去并重，遵循共商共建共享原则，加强创新能力开放合作，形成陆海内外联动、东西双向互济的开放格局。拓展对外贸易，培育贸易新业态新模式，推进贸易强国建设。实行高水平的贸易和投资自由化便利化政策，全面实行准入前国民待遇加负面清单管理制度，大幅度放宽市场准入，扩大服务业对外开放，保护外商投资合法权益。凡是在我国境内注册的企业，都要一视同仁、平等对待。优化区域开放布局，加大西部开放力度。赋予自由贸易试验区更大改革自主权，探索建设自由贸易港。创新对外投资方式，促进国际产能合作，形成面向全球的贸易、投融资、生产、服务网络，加快培育国际经济合作和竞争新优势。

——在中国共产党第十九次全国代表大会上的报告（2017年10月）

推动全方位对外开放。要适应新形势、把握新特点，推动由商品和要素流动型开放向规则等制度型开放转变。要放宽市场准入，全面实施准入前国民待遇加负面清单管理制度，保护外商在华合法权益特别是知识产权，允许更多领域实行独资经营。要扩大进出口贸易，推动出口市场多元化，削减进口环节制度性成本。要推动共建"一带一路"，发挥企业主体作用，有效管控各类风险。要精心办好第二届"一带一路"国际合作高峰论坛。要推动构建人类命运共同体，积极参与世贸组织改革，促进贸易和投资自由化便利化。要落实阿根廷中美元首会晤共识，推进中美经贸磋商。

——在《中央经济工作会议》上的讲话（2018年12月）

四　深入学习领会关于构建"双循环"新发展格局的重要思想

面对全球政治经济环境出现的重大变化，适应我国发展阶段性新特征，以习近平同志为核心的党中央准确研判大势，立足当前，着眼长远，提出了构建新发展格局的战略。双循环是从"两头在外"的发展模式，转向"以内为主、内外互促"的新发展格局。其基本内涵在于，扩大内需是形成新发展格局的战略基点。要坚持供给侧结构性改革这个战略方向，扭住扩大内需这个战略基点，使生产、分配、流通、消费更多依托国内市场，提升供给体系对国内需求的适配性，形成需求牵引供给、供给创造需求的更高水平动态平衡，充分发挥国内超大规模市场优势，通过繁荣国内经济、畅通国内大循环为我国经济发展增添动力，带动世界经济复苏。对外开放是形成新发展格局的重要力量。以国内大循环为主体，绝不是关起门来封闭运行，而是通过发挥内需潜力，使国内市场和国际市场更好联通，坚持实施更大范围、更宽领域、更深层次对外开放，通过强化开放合作，更加紧密地同世界经济联系互动，更好利用国际国内两个市场、两种资源，提升国内大循环的效率和水平，实现更加强劲可持续的发展。科技创新是形成新发展格局的关键举措。当今世界正经历百年未有之大变局，新一轮科技革命和产业变革蓬勃兴起，要提升产业链供应链现代化水平，发挥新型举国体制优势，加强科技创新和技术攻关，强化关键环节、关键领域、关键产品保障能力，打造未来发展新优势。

> **专栏 1-1-4：习近平总书记关于构建"双循环"新发展格局的重要论述**
>
> 要深化供给侧结构性改革，充分发挥我国超大规模市场优势和内需潜力，构建国内国际双循环相互促进的新发展格局。要发挥新型举国体制优势，加强科技创新和技术攻关，强化关键环节、关键领域、关键产品保障能力。
>
> ——在主持中共中央政治局常务委员会会议时的讲话（2020 年 5 月 14 日）
>
> 加快形成以国内大循环为主体、国内国际双循环相互促进的新发展格局，是根据我国发展阶段、环境、条件变化作出的战略决策，是事关全局的系统性深层次变革。要继续用足用好改革这个关键一招，保持勇往直前、风雨无阻的战略定力，围绕坚持和完善中国特色社会主义制度、推进国家治理体系和治理能力现代化，推动更深层次改革，实行更高水平开放，为构建新发展格局提供强大动力。
>
> ——在主持召开中央全面深化改革委员会第十五次会议时的讲话（2020 年 9 月 1 日）
>
> 新发展格局不是封闭的国内循环，而是开放的国内国际双循环。要优化升级生产、分配、流通、消费体系，深化对内经济联系、增加经济纵深，增强畅通国内大循环和联通国内国际双循环的功能，加快推进规则标准等制度型开放，率先建设更高水平开放型经济新体制。越是开放越要重视安全，统筹好发展和安全两件大事，增强自身竞争能力、开放监管能力、风险防控能力。
>
> ——在深圳经济特区建立 40 周年庆祝大会上发表的讲话（2020 年 10 月 14 日）
>
> 我们提出构建以国内大循环为主体、国内国际双循环相互促进

的新发展格局。这绝不是封闭的国内循环，而是更加开放的国内国际双循环，不仅是中国自身发展需要，而且将更好造福各国人民。中国是全球最具潜力的大市场。中国制造已经成为全球产业链供应链的重要组成部分，作出了积极贡献。中国广阔的内需市场将继续激发源源不断的创新潜能。中国将坚定不移全面扩大开放，让中国市场成为世界的市场、共享的市场、大家的市场，为国际社会注入更多正能量。

——在第三届中国国际进口博览会开幕式上发表主旨演讲（2020年11月4日，新华社）

开放是国家进步的前提，封闭必然导致落后。当今世界，经济全球化潮流不可逆转，任何国家都无法关起门来搞建设，中国也早已同世界经济和国际体系深度融合。我们绝不会走历史回头路，不会谋求"脱钩"或是搞封闭排他的"小圈子"。我们构建新发展格局，绝不是封闭的国内单循环，而是开放的、相互促进的国内国际双循环。

——在出席亚太经合组织工商领导人对话会并发表题为《构建新发展格局　实现互利共赢》的主旨演讲（2020年11月19日）

第二节
国际门户枢纽城市的内涵与要求

一　国际门户枢纽的基本内涵

国际门户枢纽主要是指依托具有高水平竞争力的交通、信息、金融枢纽，在一国或一个区域实行对外开放的战略导向下，承担各类要素流通和集聚的门户城市或门户区域。①国际门户枢纽是有形的交通、产业节点以及无形的信息、资金节点的叠加、融合，在世界城市网络上是最密集、最复杂、最核心的"超级节点"。②一般而言，谁成为国际门户枢纽城市，谁就能占据全球城市网络体系的中心节点位置，就可能成为全球城市。

从概念的构词上看，"国际门户枢纽"的内涵是由"门户""门户枢纽"和"国际门户枢纽"三个逐层递进、环环紧扣的概念构成的。其中，"门户"是从"通道"功能层面对城市属性进行的刻画，城市意义上的门户是指提供各种资源要素集聚、疏散的必经通道关口，即物理通道，是一个国家（区域）对外、对内链接人流、物流等基本要素汇集的一线场所。"门户枢纽"是从综合功能和功能转换层面对城市属性的描述，是在一定区域范围内居于引领和核心地位的门户城市。门户枢纽除了拥有门户的人流、物流等物理形态要素的通道功能外，还叠加了日益增多的资金流、信息流、技术流等多种要素资源，并通过规则制定等手段开始引导和调控资源要素流动秩序、方向和结构，由配置低端资源为主向配置高端资源为主转变。因此，资源配置是门户枢纽最本质的功能。"国际门户枢纽"是在全球开放形势发生重大变化的背景下对门户枢纽开放水平的描述，既包含了开放范围扩大、领域拓宽、层次加深，又包含了开放方式创新、布局优化、质量提升。③目前，成为"国际门户枢纽"的城市至少有五大优势。

一是拥有全球版图上的区位优势。大部分处于经济发达的沿海地带、人类生产生活活动发达的江海湾区、三角洲地带、国际贸易通道的咽喉地带，能够以较短的距离、较低的成本联系全球。同时，对周边区域拥有较强的辐射和集聚能力，具有广阔腹地支撑的优势，依托腹地的人力资源、资本、土地、市场需求等要素发展成为国家或地区的政治、经济或文化

---

① 白国强等：《广州打造高水平对外开放门户枢纽的策略思考》，《城市观察》2019年第3期。
② 王德培：《中国经济2020全球城市的本质：超级枢纽》，中国友谊出版公司2020年版。
③ 蔡朝林：《建设高水平对外开放门户枢纽的策略与路径——以广东自贸试验区广州南沙新区片区为例》，《暨南学报》2018年第235期。

中心。①

二是拥有链接世界的交通通达能力。具备通达世界的国际海港、空港和服务全球资源大规模流动的多元门户通道，是国际交通运输网上的重要节点，也是全球信息中枢和关键节点。国际门户枢纽的交通通达功能可以促进两个经济系统之间的物质和能量交换，并且以国际门户枢纽城市为中心形成能量场，刺激当地的经济发展和社会进步。②

三是拥有全球资源要素配置能力。不止于形成要素高地，更在于要素的系统性、生态性。国际门户枢纽城市具备广泛多样的全球资源配置平台，在全球资源配置中引领和主导全球资本、信息、商务服务、高端专业人才等要素的汇聚和流动，通过全方位、多层次功能性平台上的密集交易，有效扩散到世界其他地方，进而形成强大的集聚和扩散能力，并在此基础上形成大规模的经济流量。

四是拥有国际交往中心的地位。相较于工业时代时城市发展注重规模、受制于分工，并通过掌握资源成为"中心"，如今伴随信息文明改造工业经济，城市被网络化，其战略重要性由其城市的创新力与组织力来体现。③国际门户枢纽的功能在于全球网络链接功能，其发展通常基于其全球区域产业网络中的分工地位与参与价值分配的能力，由此不仅能够带来各类经济主体之间的互动，还能够塑造提升全球城市网络节点和枢纽稳定性的锁定机制。

五是拥有高标准、国际化的营商环境。在关税与非关税措施、货币汇率与外汇管理、知识产权保护、环境与劳工政策、市场监管体系等方面提升和优化营商环境，打造稳定、公平、透明、开放、可预期的营商环境高地。

---

① 白国强等：《广州打造高水平对外开放门户枢纽的策略思考》，《城市观察》2019年第3期。

② 王海飞：《枢纽型门户城市竞争力综合评价及发展对策研究——以广东省肇庆市为例》，《西北师范大学学报》（自然科学版）2016年第2期。

③ 王德培：《中国经济2020 全球城市的本质：超级枢纽》，中国友谊出版公司2020年版。

二 国际门户枢纽的案例分析

从纽约、新加坡、迪拜三个国际门户枢纽城市的发展轨迹出发，归纳国际门户枢纽城市形成的主要标志，这对成都建设国际门户枢纽城市具有很好的借鉴意义。

（一）纽约：世界级门户城市

纽约是美国第一大城市，被称为"世界之都"，是全球重要的金融、贸易、文化、旅游中心。根据全球化与世界级城市研究小组与网络（GaWC）发布的2020年世界级城市名册显示，纽约是全球两个一线超强城市之一，在科尔尼发布的2020年《全球城市综合排名》中连续四年排名第一，在商业活动、人力资本上处于领先水平。

> **专栏 1-2-1：纽约国际门户枢纽发展历程**

时间	特点
货物贸易起步阶段（17世纪初—18世纪末）	形成建设国际门户枢纽的基本条件。1624年荷兰人在纽约建立皮草贸易点，并在曼哈顿建立贸易站。凭借其地理区位上的优势，纽约成为美国最重要的产品集散地。
港口贸易加速发展阶段（19世纪初—二战结束）	制造业快速发展并成为全球重要航运交通枢纽。因纽约独特的地理位置及战争导致的物资匮乏，纽约成为英国倾泻货物的城市，由此推动了纽约港口贸易发展。
传统国际贸易中心向现代国际贸易中心转型阶段（二战后—20世纪80年代初）	形成以货物贸易为主的传统国际贸易中心并开始产业转型。随着二战后全球化和产业转移加快，纽约港在全球航运中的地位有所下降，纽约开始产业升级之路，逐渐以基础服务业、转口贸易和离岸贸易取代传统的制造业，成为带动纽约经济发展的主要引擎。
现代国际贸易中心逐渐形成阶段（20世纪80年代初以来）	形成集旅游、金融、商业服务等产业为一体的综合性国际贸易中心。纽约的生产性服务业发达，支撑城市功能更加完备。纽约吸引众多跨国公司聚集，发达的总部经济推动国际贸易规模扩大。

资料来源：根据相关资料收集整理。

1. 完善的物流运输体系

纽约拥有优越的港口和设施齐全、便捷的交通运输条件。从 20 世纪下半叶起，美国西海岸和南部崛起后，纽约港竞争力减弱，为加强纽约港的货物集散能力和吞吐能力，纽约港务局斥资 10 亿美元用于港口扩建计划，耗资 22 亿美元拓宽和加深港口以容纳更大的船只。在 2020 年全球港口集装箱吞吐量排名中，纽约港位居美国第二位，世界第二十位。纽约的肯尼迪机场、纽瓦克机场具有运输规模大、航线网络覆盖广、国际市场份额占比大的特点，属于大型国际航空枢纽。纽约市内的交通运输体系也十分完整，有地铁、桥梁、隧道、铁路等交通方式，强大的地面交通体系增强了纽约面向内陆的辐射和集散能力。

> **专栏 1-2-2：纽约港口和机场枢纽作用**
>
> 2011—2020 年纽约港集装箱吞吐量
>
> 数据来源：纽约新泽西港务局。
>
> 2019 年纽约两大枢纽机场运输规模及全球排名
>
> | | 肯尼迪机场 | 纽瓦克机场 |
> | --- | --- | --- |
> | 旅客吞吐量：万 | 6255.1（20） | 4633.7（43） |
> | 货邮吞吐量：万吨 | 131.1（22） | 80.6（35） |
> | 起降架次：万次 | 45.6（21） | 44.6（24） |
>
> 数据来源：国际机场理事会 ACI。

2. 多元化的产业结构

国际门户枢纽城市的一大特征就是拥有全球资源要素配置能力，吸引信息、高端人才、创新等资源的聚集和扩散，资本技术密集型产业发达。纽约完善的服务业对城市功能支撑作用明显，是建设国际门户枢纽城市的重要基础。第一，生产性、知识密集型服务业发展迅速，总部经济发达。以专业服务、信息和中介服务、金融服务为主体的服务业快速发展，产值比重上升、劳动力人口比例上升，现代服务业与制造业紧密结合构成了产业集聚的服务支持体系。曼哈顿中央商务区是纽约总部经济的重要载体，聚集了众多大银行、保险公司、交易所、会计公司、广告公司、国际性行业组织，彼此间业务活动紧密联系，推动国际贸易中心功能的转变，提升了整个城市的集聚和辐射功能。第二，高新技术产业蓬勃发展。1994年"纽约商业区的市长计划"提出纽约市要建立一个高技术中心，并制定了房地产税5年减征、商业房租税5年免除、曼哈顿优惠能源计划等激励措施，加速了高新技术企业的进入和产业的集聚。实施城市工业园区战略，利用纽约市较多的大学、研究机构和企业总部的优势，研究和开发高科技产品，提升纽约产业的创新能力。第三，金融产业支撑作用明显。纽约是著名的国际金融中心，信贷市场、证券市场、保险市场、外汇市场等金融市场发达，可以为贸易公司、高科技企业、中介机构提供各类融资、贴现、结算、担保等服务，为纽约国际贸易的发展提供了有力的保障。

> **专栏1-2-3：纽约州就业人员结构变化**
>
> 二战后纽约去工业化的进程加快，从各行业就业人员的结构变化来看，1970—2019年从事制造业的人员比例下降明显，从事服务业的人员比例大幅提升，2019年服务业人员比例高达90%，尽管从事零售业和批发业的人员比例有所减少，但是金融、保险、房地产领域的从业人员比例增加。

行业	1970年	1980年	1990年	2000年	2010年	2019年
林业、渔业和相关活动	0.39%	0.52%	0.57%	0.69%	0.14%	0.14%
建筑业	4.63%	3.75%	5.17%	5.11%	4.83%	5.06%
制造业	25.35%	20.76%	14.17%	10.16%	5.14%	4.19%
批发业	7.12%	7.30%	6.07%	5.43%	3.83%	3.24%
零售业	16.79%	16.31%	16.63%	16.57%	10.90%	9.52%
金融和保险业	12.15%	12.56%	13.11%	12.26%	8.52%	8.41%
房地产和租赁业					5.80%	6.54%
信息					3.08%	2.87%
专业、科学和技术服务					8.93%	9.20%
公司和企业管理					1.52%	1.54%
行政和支持以及废物管理和补救服务	25.81%	31.90%	38.26%	43.85%	5.77%	5.96%
教育服务					4.53%	4.36%
保健和社会援助					16.29%	16.26%
艺术、娱乐和休闲					3.35%	3.50%
住宿和餐饮业					6.89%	7.55%
其他服务					6.52%	6.37%

注：数据来源于美国商务部经济分析局，各行业占比根据计算得来。1969—2000年统计数据同2010年、2019年统计数据采用的标准工业分类不一致，前者将金融、保险和房地产归为一类，服务业是指主要从事为个人、企业和政府机构以及其他组织提供各种服务的机构，即包括表中"信息"至"其他服务"，如果按照这一标准，则2010年、2019年的服务业人员占比分别为56.89%、57.61%，相较于1970年的25.81%有大幅度提高。

3. 具有竞争力的自贸区

纽约港自贸区成立于1979年，包括一个总区和九个分区，在全美自贸区中面积最大。纽约港自贸区功能完善，主要有保税仓储，进出口服务，混合加工、处理和制造，展销，转口贸易。作为对外开放的前沿，纽约港自贸区的相关扶持政策由贸易自由化向投资自由化、金融自由化拓展。

> **专栏1-2-4：纽约港自贸区政策**[①]
>
> | 类别 | 措施 |
> | --- | --- |
> | 税收政策 | 推迟缴纳进口关税，只有当货物通过海关运入美国时才需要支付关税；倒置关税率，在自贸区设厂的企业可以自主选择支付原料的税率还是成品的税率，即可以选择税率低的支付；自贸区之间运输免税；无关税出口；节省为废品支付的关税；国际退货无须支付关税；税收减免政策；工资所得税抵免；投资税减免等。 |
> | 货物监管政策 | 简化进出口程序；自贸区货物可以24小时无限制地通过海关，每周申报一次过关记录、缴纳一次货物处理费；除法律禁止或由管理局规定为有害公共利益外，皆可不受美国海关法的限制而进入对外贸易区；储存在自贸区的商品不受配额的限制，一旦配额开放即可优先入关；自贸区受海关监督，提供海关要求的安检程序。 |
> | 金融政策 | 对经常项目和资本项目的外汇交易均不进行限制，外汇可自由兑换、自由流通、自由出入国境；可用区内货物作为抵押进行融资；放宽或取消对银行存款利率的限制；减少或取消对银行贷款规模的直接控制；放宽对外国金融机构经营活动的限制。 |
> | 投资政策 | 投资开放领域上，负面清单以外的领域均对外开放；投资促进上，运用税收信用等激励措施，对某些符合规定的资产投资，如影视产业的投资等，对初始投资额3.5亿美元的5%提供投资税收信用，超过该部分提供4%的投资税收信用。研发部分投资税收信用率为9%。 |

纽约自贸区不仅在政策配套上具有竞争力，美国在经贸规则的制定上也有国际话语权。全球贸易发展格局趋于复杂化，国际贸易摩擦背后则是

[①] 肖林：《国家试验：中国（上海）自由贸易试验区制度设计》，格致出版社、上海人民出版社2015年版，第15、17、50—53页。

规则的争夺，美国积极巩固以美国范式为基础的国际经贸规则，强化自身利益最大化。2020年1月通过的《美墨加协定》中包含了商品贸易关税减让、服务贸易开放、原产地规则变化、知识产权、数字贸易、国际投资仲裁等内容，努力在这些新议题上掌握规则主导权。在WTO公布的40多个多双边区域协定中，有32个协定将数字贸易或电子商务专设单独章节，其中涉及美国主导的有13个，欧盟7个。[①]

（二）新加坡：国际贸易枢纽城市

新加坡被誉为"亚洲四小龙"之一，是亚洲重要的金融、贸易、航运中心，在全球城市经济中颇具竞争力。科尔尼发布的《2020全球城市指数报告》显示，新加坡在"全球城市综合排名"中位居第九，其中电子商务处于领先地位，在"全球城市潜力排名"中位居第三。[②]

> **专栏1-2-5：新加坡国际门户枢纽发展历程**
>
> | 时间 | 特点 |
> | --- | --- |
> | 对外贸易快速发展阶段（20世纪60年代—70年代末） | 实施高度外向型的经济发展战略，由转口贸易转型为工业出口。新加坡的传统经济以转口贸易、加工出口和航运业为主，独立后为走出原材料市场供应中断、销售市场缩小的困境，新加坡政府迅速转变策略，在吸收外资投资的同时积极鼓励工业制成品出口。 |
> | 转型升级提高对外贸易水平阶段（20世纪80年代—21世纪初期） | 提升制造业和服务业水平，成为重要的贸易门户枢纽城市。随着劳动力成本的提高，外资投资的吸引力降低，新加坡开始将制造业朝着高技术、高工艺、高增值的方向发展，并提高服务业的专业化、系列化和高效化，产业由劳动密集型向资本密集型、技术密集型转型，增强新加坡产品在国际市场上的竞争力。 |

---

① 张茉楠：《全球经贸规则体系正加速步入"2.0时代"》，《宏观经济管理》2020年第4期，第10页。
② "全球城市综合排名"从商业活动、人力资本、信息交流、文化体验和政治事务五个维度评估最具竞争力的城市。"全球城市潜力排名"则从居民幸福感、经济状况、创新和治理四个维度评估城市未来发展潜力。

续表

时间	特点
进一步提升国际门户枢纽地位阶段（2000年以来）	以信息产业为中心的知识密集型经济蓬勃发展，新加坡着力建成知识型产业枢纽。电子产业、精密工程产业等高技术制造业和教育、健康等知识密集型服务业对经济贡献度提升。

资料来源：根据相关资料整理。

专栏1-2-6：新加坡不同时期各行业增加值占国内生产总值比重

	1960年	1980年	2000年	2020年
制造业	11.18%	27.55%	27.74%	21.54%
建筑业	3.32%	6.24%	5.31%	2.71%
公用事业	2.79%	2.43%	1.77%	1.31%
其他商品行业	3.92%	1.57%	0.10%	0.03%
批发零售行业	29.48%	17.00%	13.43%	18.29%
运输仓储业	12.56%	11.88%	10.02%	5.36%
住宿餐饮业	3.99%	4.01%	2.46%	1.41%
信息通信业	2.47%	2.54%	3.71%	5.11%
金融保险业	3.52%	9.21%	10.10%	15.72%
房地产、专业服务和行政支持服务	7.18%	7.23%	11.43%	13.41%
其他服务业	16.21%	8.41%	10.20%	10.84%
住宅所有权	3.38%	1.93%	3.73%	4.27%

注：数据来源于新加坡统计局，占比由简单计算得来。其他商品业包括农业、渔业和采石业。其他服务业是指娱乐、团体和个人服务，包括教育、健康、文化活动、体育娱乐活动、会员组织等。

从上表可以看到，60年间新加坡的制造业、信息通信业、金融保险业、房地产业和专业服务占国内生产总值的比重提升较多。从制造业子行业的年增长率来看（见专栏1-2-7），化学原料和化学制品业，医药和生物制造业，计算机、电子产品及光学制品，机械设备这几个行业在产出、增加值、就业人数的增长上表现抢眼，说明新加坡在发展高技术制造业上具有较强的实力。根据2020年《彭博创新指数报告》，新加坡高居第三，其中高等教育排名全球第一、制造业能力排名全球第二。

> **专栏 1-2-7：1980—2020年新加坡制造业子行业年增长率**

制造业子行业	产出年增长率	增加值年增长率	就业人数年增长率
食品饮料和烟草业	3.94%	6.69%	2.05%
纺织品及其制造业	−5.74%	−4.35%	−5.37%
服装业	−1.55%	−1.86%	−6.70%
皮革、皮革制品和制鞋业	−1.21%	−0.08%	−4.55%
木材和木制品业	−3.04%	−1.01%	−3.65%
造纸和纸制品业	3.11%	3.19%	−0.99%
印刷和记录媒介复制业	2.20%	2.87%	−0.22%
精炼石油业	1.55%	0.40%	0.85%
化学原料和化学制品制造业	10.59%	10.58%	3.32%
医药和生物制造业	10.60%	10.84%	4.87%
橡胶和塑料制品业	2.50%	3.74%	−0.44%
非金属矿物制品业	0.93%	0.79%	−0.35%
基本金属	1.70%	0.27%	−0.43%
金属制品业	4.49%	4.84%	1.74%
计算机、电子产品及光学制品	8.42%	8.53%	0.11%
电子设备	3.18%	3.41%	−1.64%
机械设备	6.75%	6.02%	2.34%
机动车辆、拖车和半拖车	5.80%	6.63%	1.57%
其他运输设备	4.84%	3.89%	1.93%
家具	1.57%	1.98%	0.03%
其他制造业	9.24%	11.01%	2.30%

数据来源：新加坡统计局，年增长率根据公式计算得来。

1. 一流的营商环境

新加坡亲商的政策、高质量的人才以及发达的金融业吸引着全球的投资者，在瑞士洛桑管理学院公布的《2020全球竞争力报告》中，新加坡连续两年登上全球竞争力排名榜首，世界银行公布的《2020年营商环境报告》新加坡高居第二。第一，在外资准入开放上，新加坡除国防相关行业和个别特殊行业外，新加坡对外资进入没有行业限制，商业、外贸、租赁、营销、电信等市场完全开放。新加坡政府还制定了特许石油贸易商、特许国际贸易商计划、总部奖励计划等措施，鼓励跨国公司到新加坡设立全球总部、地区总部。[①] 第二，公司注册过程简单、条件宽松，公司注册快速，设立公司最低注册资本为10万新元。第三，税制简易、税负低，是吸引外国投资者落户新加坡的重要原因。关税政策上，新加坡奉行自由贸易政策，大多数商品在进口时关税为零，只对极少数产品征收进口税，出口商品则一律免税，达到一定限额的公司还可申请出口收益税金。新加坡标准公司税率是17%，通过制定大量税收鼓励措施使企业获得更低的执行税率，比如初创企业免税计划、公司的部分税务豁免计划、企业所得税回扣、外国来源的收入豁免计划。为支持金融、高端航运等重点领域发展和跨国企业设立功能性机构，新加坡还提供优惠税率、减征公司所得税等优惠政策。

> **专栏1-2-8：2020年新加坡营商环境各指标分数及排名**
>
> | 类别 | 具体指标：数值 | 分数及排名 |
> |---|---|---|
> | 总体 | — | 86.2（2） |
> | 开办企业 | 程序（数量）：2
时间（天数）：1.5
成本（人均收入百分比）：0.4
最低实缴资本（人均收入百分比）：0.0 | 98.2（4） |

---

① 商务部国际贸易经济合作研究院课题组、邢厚媛：《中国（上海）自由贸易试验区与中国香港、新加坡自由港政策比较及借鉴研究》，《科学发展》2014年第9期，第5—17页。

续表

类别	具体指标：数值	分数及排名
办理施工许可证	程序（数量）：9	87.9（5）
	时间（天数）：35.5	
	成本（人均收入百分比）：3.3	
	建筑质量控制指标（0—15）：13.0	
获得电力	程序（数量）：4	91.8（19）
	时间（天数）：26	
	成本（人均收入百分比）：22.0	
	供电可靠性和电费指数透明度（0—8）：7	
登记财产	程序（数量）：6	83.1（21）
	时间（天数）：4.5	
	成本（财产价值的百分比）：2.9	
	土地管理系统的质量指数（0—30）：28.5	
获得信贷	合法权利力度指数（0—12）：8	75.0（37）
	信贷信息深度指数（0—8）：7	
	信贷登记机构覆盖率（成年人百分比）：0.0	
	信用局覆盖率（成年人百分比）：64.2	
保护少数投资者	披露程度指数（0—10）：10.0	86.0（3）
	董事责任指数（0—10）：9.0	
	股东诉讼便利度指数（0—10）：9.0	
	股东权利指数（0—6）：5.0	
	所有权和管理控制指数（0—7）：5.0	
	公司透明度指数（0—7）：5.0	
纳税	次数：5	91.6（7）
	时间（小时）：64	
	总税率和社会缴纳费率（占利润百分比）：21.0	
	税后实务流程指标（0—100）：72.0	

续表

类别	具体指标：数值	分数及排名
跨境贸易	边界合规出口耗时（小时）：10 边界合规出口所耗费用（美元）：335 单证合规出口耗时（小时）：2 单证合规出口所耗费用（美元）：37 边界合规进口耗时（小时）：33 边界合规进口所耗费用（美元）：220 单证合规进口耗时（小时）：3 单证合规进口所耗费用（美元）：40	89.6（47）
执行合同	时间（天数）：164 成本（占索赔额百分比）：25.8 司法程序质量指数（0—18）：15.5	84.5（1）
办理破产	回收率（百分比）：88.7 时间（年）：0.8 成本（资产价值的百分比）：4.0 结果（0为分割出售，1为持续经营）：1 破产框架力度指数（0—16）：8.5	74.3（27）

资料来源：世界银行。

2. 优质的物流服务

新加坡依托其优越的地理位置，航运、海运发达，其业务范围覆盖物流运输全链条，满足企业在金融、法律、保险等各方面的需求。新加坡港与123个国家的600多个港口相连，每年停靠船舶超过13万次，2020年新加坡港集装箱吞吐量为3687万标准集装箱，吞吐量规模列世界第二。巴西班让（Pasir Panjang）码头是最为先进的码头，可以为13000标准箱以上的集装箱船提供服务，还采用零排放、全自动吊车系统等创新技术来提高港口生产力。[①] 新加坡樟宜自由贸易区主要面向空运货物，由物流园和航空货运中心组成。航空货运中心提供24小时的一站式服务，物流园

---

① 资料来源：新加坡海事和港口管理局。

吸引了上千家物流服务供应商，其中还有世界顶尖的第三方物流公司将亚太区域总部设立在园区内，具有良好的规模经济。在通关上，新加坡对国际贸易实行高度整合的信息统一监管系统，贸易网（TradeNet）一端连接海关、税务等30多个政府部门，处理与进出口相关的申报、审核、许可、管制等手续，另一端连接企业、贸易商等服务需求方。[①] 涉及国际贸易通关的诸多环节实现无纸化、自动化和网络化，给企业节省了时间、人力和物力。2021年1月新加坡还通过了多式联运法案，符合条件的新加坡物流业者，只需向政府注册成为多式联运运营商，即可凭借单一运输文件在东盟跨境运输货物，减少向不同国家申请繁杂手续的流程。

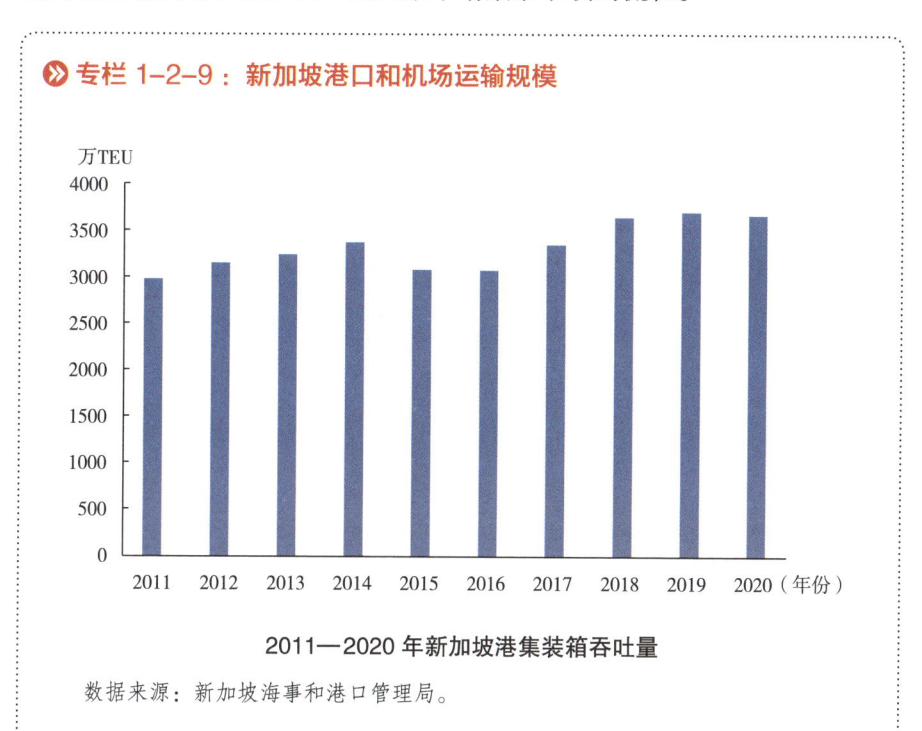

> **专栏 1-2-9：新加坡港口和机场运输规模**
>
> 2011—2020年新加坡港集装箱吞吐量
>
> 数据来源：新加坡海事和港口管理局。
>
> 新加坡樟宜机场连续8年被英国知名航司及机场质量标准评测机构Skytrax评为"全球最佳机场"。连接至全球超过200个目的地，

[①] 王胜、曾晓明、韩晶磊、许子涵：《学习新加坡经验，进一步优化海南营商环境》，《今日海南》2020年第6期，第32—35页。

2017—2019年旅客吞吐量、货邮吞吐量均排名全球前20名。

2017—2019年新加坡樟宜机场运输规模及全球排名

	旅客吞吐量：万	货邮吞吐量：万吨
2017年	6222（18）	213（12）
2018年	6563（19）	215（12）
2019年	6830（18）	201（15）

数据来源：新加坡樟宜机场官网。

专栏1-2-10：新加坡的全球海事服务

新加坡为海运公司提供全面的技术和商业海事服务，满足行业的需求，致力于为各利益方创造有利于开展业务的经营环境。新加坡拥有一批专业的全球海事服务机构，专注于海事领域，能够在专业领域提供专业支持、专业知识和建议，比如燃油服务、海上保险服务、海事法律和仲裁服务、船舶经纪、航运金融、新加坡船舶登记处等。燃油服务是MPA确保燃油供应链中各方的供应和服务质量，以及有效、安全、可靠的燃油交付操作。为了保证高效安全的燃油管理，MPA设立了若干标准和业务准则来确保加油作业的安全性、可靠性，比如《加注作业规则》和《加注供应链质量管理标准》。还通过设立燃料质量顾问小组、燃料工作组和论坛供利益相关者进行对话和提供反馈，以此促进行业间关键问题的沟通和咨询。新加坡提供广泛和全面的海上保险服务，有较多的海上保险公司、保赔俱乐部、保险经纪公司设立办事处，满足船舶和货主对海上保险的需求。新加坡拥有发达的航运金融部门，通过银行融资、航运信托、上市交易为航运企业提供传统和创新的融资解决方案，作为金融、法律、会计、咨询等专业服务的中心，船东和运营商还可以获得关于筹资结构、信贷评估和风险的咨询意见。船舶交易过程环节较多，船舶经纪人在其中起着沟通作用，众多船舶经纪公司在新加坡设立办事处，提供传统的租船、买卖业务以及研究和咨询、船舶融资、远期货运协议等增值服务。

3. 有力的金融支撑

新加坡金融市场具有融资汇兑自由、资金出入条件宽松、金融服务发达的优势。新加坡允许外汇自由买卖和流通，企业可自由开立银行账户、申请优惠融资服务，投资者的资本、利润、利息均可自由汇出。新加坡能为企业提供全面的融资服务，企业符合一定的条件就可以在交易所发行股票和债券，而且融资租赁市场也非常成熟，可以为企业提供全方位的融资服务。通过提供个性化的金融服务助力企业发展，比如石油贸易类公司采用背对背信用证融资模式，中小贸易公司可以在不同发展阶段采用初创融资和成长期融资等各种贷款。为了促进金融市场的成长，新加坡政府通过税收和管理政策提供各种优惠，培育了亚洲美元市场和金融期货交易所，促进了资金融通和国际金融市场的业务拓展。

> **专栏 1-2-11：全球金融中心指数**
>
> | | 第1 | 第2 | 第3 | 新加坡排名 |
> | ----- | ---- | ---- | ---- | ---------- |
> | 24期 | 纽约 | 伦敦 | 香港 | 4 |
> | 25期 | 纽约 | 伦敦 | 香港 | 4 |
> | 26期 | 纽约 | 伦敦 | 香港 | 4 |
> | 27期 | 纽约 | 伦敦 | 东京 | 5 |
> | 28期 | 纽约 | 伦敦 | 上海 | 6 |
> | 29期 | 纽约 | 伦敦 | 上海 | 5 |
>
> 资料来源：中国（深圳）综合开发研究院官网。
>
> 全球金融中心指数是由英国智库Z/Yen集团和中国（深圳）综合开发研究院共同编制，是用于衡量国际金融中心地位的指标，评价体系涵盖营商环境、金融体系、基础设施、人力资本、城市声誉等方面。新加坡2016年排名首次超过香港位居全球第三，亚洲第一，尽管近几年排名稍有下降，但依然是全球重要的金融中心之一。

（三）迪拜：中东地区的门户枢纽

当前，迪拜已成为中东地区重要的金融、经济、旅游和购物中心，形成了以贸易、物流、金融、旅游、房地产等产业为主的多元化发展格局。

> **专栏 1-2-12：迪拜国际门户枢纽发展历程**
>
> | 时期 | 特点 |
> | --- | --- |
> | 珍珠贸易带动港口贸易发展阶段（19世纪—20世纪50年代） | 成为海湾地区主要港口，逐渐成为地区贸易枢纽。迪拜盛产珍珠，渔业发达，这一优势使得迪拜发展成海湾沿岸重要的珍珠贸易地，促进了迪拜和周边地区的贸易往来。在贸易上灵活、宽松的政策促使迪拜逐渐成为中东地区重要的贸易港口城市。20世纪中叶随着经济危机、人造珍珠出现等原因，珍珠产业逐渐衰落，迪拜寻求新的主导产业亟待转型。 |
> | 巩固贸易枢纽地位阶段（20世纪60年代—20世纪末） | 石油业崛起促进基础设施建设，进口贸易、转口贸易发展迅速。随着1969年第一桶原油的出口，迪拜顺利完成资本的原始积累，1975年石油经济占GDP的54%。迪拜陆续开始一系列的大型基础设施建设，杰贝•阿里港、杰贝阿里自由贸易区、迪拜国际机场有效地促进了对外贸易的发展，还有交通设施、水电供应等基础设施建设有力地促进了城市的发展。 |
> | 成为多元化发展的贸易枢纽城市（2000年以来） | 打造以服务业、新兴产业为主的经济模式，成为中东乃至全球重要的交通枢纽、旅游城市、金融中心。 |
>
> 资料来源：根据相关资料整理。

1. 高效的航空运输

迪拜国际机场是中东地区最大的空中枢纽，连接六大洲260个目的地，优越的地理位置使它可以在4小时内飞到世界上三分之一人口的国家和地区。机场拥有实力雄厚的基地航空公司，其中阿联酋航空具有航线网络广、机队数量多、服务优质的特点，强大的连接网络和密集的航班量有效提高了机场的连接性，增强了机场的竞争力。迪拜机场综合交通设施建设完善，配套有发达的地面交通网络，便捷的地铁、巴士、出租车确保机场客货流的安全高效。机场内软硬件设施完善，宽敞且数量较多的电梯、方便中转的航班显示系统、清晰的标识系统帮助旅客快速通行，有效提高机场整体的运营效率。迪拜机场汇集了较多的本地和中转旅客，增强了其作为航空枢纽的集散作用。迪拜机场货运处理效率也很高，一流的货运设施建设、高效运作的航空服务供应商、快速的清关提高了机场物流运输能力。距离迪拜机场 10 公里还有中东地区最大的自由贸易港——迪拜港，这为实现海空联运创造了有利的条件，节省物流运输的时间。

2. 制度开放的自由区

迪拜自由区大多为工贸结合型自由贸易园区，近年来其功能不断向服务贸易型、离岸型转型，并且形成了一系列特定功能的自由区，比如航空类（迪拜机场自由区）、教育类（迪拜国际学术城）、金融类（迪拜国际金融中心）、信息技术类（迪拜互联网城）、工业与物流类（杰贝阿里自由区）、媒体类（迪拜影视城）、医疗保健类（迪拜健康城）。在自由区的制度上：第一，迪拜具有完善的法律制度。阿联酋联邦立法出台《金融自由区法》，允许酋长国在本地建立金融自由区，并规定金融自由区不受阿联酋民法和商法管制。[1] 迪拜地方积极制定独立的民事和商事法律法规以及完整的金融监管法律法规。特别是在立法上注重与国际通行规则对接，在法律法规、风险管理、商业纠纷上更多地借鉴国际公认标准。第二，便捷高效的政府管理制度。通过一站式服务点，投资者可以在短时间内创建企业，并提供办理驾照等专门服务机构进一步方便入驻企业。迪拜贸易网 24 小时向客户提供服务，比如智能支付、货运业务、数字化清关、端到端服务。第三，友好的亲商政策。在准入政策、税收政策、金融便利政策、投资便利政策、人员管理政策上促进自由区企业的贸易、投资。

---

[1] 周迎洁、刘小军、过晓颖：《中国自贸区服务业开放制度创新研究——基于迪拜、新加坡经验的启示》，《当代经济》2016 年第 1 期，第 118—121 页。

> **专栏 1-2-13：迪拜自由区政策**[①]

类别	措施
准入政策	自由区开放程度高于国内其他区域，外资可 100% 独资，不受阿联酋公司法中规定的外资 49%、内资 51% 条款的限制。
税收政策	外国公司享受 15 年免除所得税，期满后可再延长 15 年的免税期；无个人所得税；货物可以自由进出港，在区内存储、贸易、加工制造均不征收进口环节关税；进区企业其生产所需要的机器、设备、零件和必需品一律免征关税；企业免收营业税。
金融便利政策	货币可自由兑换，不受限制；资本金和利润允许 100% 遣返，自由汇出，不受任何限制。
投资便利政策	自由区内企业在迪拜内陆地区注册分公司，可获得海合会关税同盟之优惠政策；提供充足的廉价资源。
人员管理政策	无最低工资标准和雇用本地员工要求；不限制雇用外籍雇员；自由区的行政和人员聘用支持。

3. 繁荣发展的旅游业

2019 年世界十大旅游城市排名中迪拜位居中东第一、全球第七，世界旅行理事会的《2019 年城市报告》将迪拜列为第三大旅游城市，吸引了 279 亿美元的国际旅游支出。迪拜旅游业发展的关键因素有以下几点：第一，优质的旅游资源。世界上最大的零售商场、世界最高塔、世界上最大的人工岛等著名的地标为迪拜增加了不少的旅游特色，还有海滩、沙漠、顶级赛事等独特的旅游资源收获了众多游客的青睐。第二，完善的基础设施。迪拜国际机场作为中东的航空枢纽为游客提供了便捷的交通，机场内还有免税店让游客享受购物。全球大多数的大型国际连锁酒店都在迪拜设有酒店，为旅游者提供优质的住宿环境。第三，成功的市场营销。1989 年成立的迪拜政府商业及旅游业推广局（DTCM）是政府负责规划、监管、开发和拓展迪拜旅游业的主要部门，海外推广机构负责其全球的市场推广

[①] 肖林：《国家试验：中国（上海）自由贸易试验区制度设计》，格致出版社、上海人民出版社 2015 年版，第 55—56 页。

活动，可以帮助游客了解迪拜、优化旅途规划等功能，更好地促进了迪拜旅游业的发展。阿联酋航空公司还推出迪拜游特惠套餐，吸引全世界游客到迪拜享受购物、旅行。

> **专栏 1-2-14：迪拜世界中心（DWC）**
>
> 　　迪拜世界中心是一个以阿勒马克图姆国际机场为中心的航空城计划，位于新迪拜的中心，毗邻杰贝阿里港和自由区，目的在于依托迪拜重要的战略位置，建设港口—自由区—机场的物流走廊，打造世界一流的基础设施，巩固迪拜作为地区贸易、航空、物流中心的定位。阿勒马克图姆国际机场周边有三条干线公路，通过运营公共汽车和出租车与迪拜国际机场相连，还提供高频的巴士服务通向阿布扎比和迪拜的任何地方。
>
> 　　高效的航空枢纽。阿勒马克图姆国际机场于 2010 年 6 月开始货物运输，第一阶段拥有长 4.5 公里可起降 A380 的跑道、64 个停机位、先进的控制塔、面积为 6.6 万平方米的航站楼、年货运能力 60 万吨。机场还有壳牌、道达尔、雪佛龙等主要燃料供应商提供加油服务，确保航空公司 24 小时高效运作。迪拜世界中心物流园区距离杰贝阿里港不到 10 公里，位于杰贝阿里自由区内，可直接接触 6000 多家企业，其中包括 120 家《财富》世界 500 强公司。货物从杰贝阿里港转移到机场停机坪时间不到 4 小时，是一个理想的海空货运枢纽。凭借其快速通关、周转和一站式地面处理为合作伙伴提供一个具有成本效益和时间效益的服务。
>
> 　　为旅客提供更便捷的旅行方式。客运大楼的设计理念是便利性和易用性，缩短从路边到登机口的时间，配套有近距离的停车场并与公共交通连接。乘客还可在迪拜免税店购物、餐饮店就餐，并提供租车、货币兑换等服务。
>
> 资料来源：根据商务部、迪拜世界中心官网等资料整理。

通过归纳总结纽约、新加坡和迪拜形成国际门户枢纽城市的主要标志,为成都建设国际门户枢纽城市提供借鉴。第一,提升生产性服务业水平,赋能经济增长新动能。生产性服务业包括研发设计、物流运输及仓储、金融和保险、会计、咨询等提供专门服务的行业,对提升城市经济功能、提高生产效率、凸显产业集群效应具有促进作用。纽约生产性服务业发达,聚集了全球知名的咨询、法律、会计公司,拥有众多跨国公司的总部和分部。成都已经明确提出发展会展经济、金融服务业、现代物流业、文旅产业、生活服务业五大现代服务业,[①]进一步明确城市功能定位。成都还应不断出台、完善相关法律法规,比如知识产权保护、公司和机构设立和管理方式确定、促进创新等方面,营造与国际规则更相适应的法律制度。推出专项发展规划,营造更加开放的制度环境。政府应发挥引导作用,出台重点支持目录、聚焦发展薄弱环节,把资源配置到重点发展领域。加大税收优惠力度、创新金融服务、建立宽松可控的外汇管理制度和基于负面清单管理的外资准入制度等。

第二,营造高水平开放平台,提升参与国际合作竞争层次。在制度创新方面,新加坡政府打造的高度国际化商业环境值得借鉴,成都还需提升在开放市场准入、促进投资便利、扩大贸易自由等制度方面的创新水平。在开放平台上,借鉴新加坡港口业务流程全链条的海事服务、迪拜自贸区功能多元的开放平台。成都的综保区、自贸试验区这样的高能级开放平台应合理布局产业,重点发展高端制造业、信息服务、科技服务、会展服务、特色金融、临空经济等产业,建设成为聚集高端产业、引领创新驱动、联通全球网络的内陆改革开放高地,通向国际贸易大通道的重要支点。在建设国际交往平台上,可借鉴纽约的会展业、迪拜的旅游业发展路径。融合会议与展览增强会展活动丰富性,提升会展的专业化、品牌化、国际化力争龙头地位,结合信息技术和实物展览增加交易机会。旅游局同航空公司合作加强宣传、增加有特色的旅游活动、积极引进私人资本发展

---

① 成都市人民政府:《成都市产业发展白皮书(2020)》,四川人民出版社 2021 年版。

旅游业、重视餐饮住宿的配套发展、推动旅游便利化、打造地标性建筑等措施助力旅游业发展。

第三，构建海空联运战略大通道，增强对外链接功能。纽约、新加坡和迪拜均位于具有战略意义的位置上，开放的通道也是发展对外贸易基本的条件。纽约有肯尼迪机场和纽瓦克机场两个大型国际航空枢纽，新加坡有樟宜机场和新加坡港，迪拜有迪拜国际机场，这些重要的战略通道提升物流运输效率、引导周边产业集聚、增强对外交往和消费能力。成都目前已有双流国际机场和天府国际机场两个枢纽机场，全面布局打造"空中丝绸之路"。借鉴纽约、新加坡、迪拜的经验，成都还应完善综合交通运输体系，提升机场群的运营效率；两个航空枢纽适度竞争，共同做大做强航空市场；完善中转设施，提高旅客中转效率；建设富有特色的休闲娱乐场所，吸引更多游客观光体验。

三　成都建设国际门户枢纽城市的战略考量

成都建设西部国际门户枢纽，既是服务国家开放战略全局、带动中西部开放开发的国家使命，也是成都冲刺世界城市的战略抉择。[①]围绕贯彻落实国家和省市关于全面构建立体开放新格局战略部署，遵循国际门户枢纽建设演进的客观规律和发展趋势，紧扣成都建设国家中心城市、美丽宜居公园城市、国际门户枢纽城市和世界文化名城的战略定位和新时代"三步走"战略目标，放眼全球坐标，成都建设国际门户枢纽城市的战略目标为打造泛欧泛亚、向西向南开放的全球城市网络节点，成为中西部地区开发开放的重要枢纽，全面建成泛欧泛亚具有重要影响力的国际门户枢纽城市。主要有以下几个方面的战略考量。

服务国家对外开放战略。充分发挥"一带一路"重要节点和南方丝绸之路起点的作用，全面深化自由贸易试验区改革，用好国际国内两种资源

---

① 范锐平：《高水平打造西部国际门户枢纽　加快建设"一带一路"开放高地》，《先锋》2018年第6期，第4—9页。

和两个市场，统筹推进"引进来"与"走出去"，加快投资双向促进、要素双向流动、贸易双向发力、制度双向创新，助力形成陆海内外联动、东西双向互济的全面开放新格局。

服务区域协同开放发展。联动推进对外开放和对内合作，充分发挥全省首位城市辐射带动作用，创新一体化发展机制，加快形成产业协同、市场共兴、功能共享、交通互联的城市开放共同体，高位引领西部开发开放水平，进一步奠定和提升成都在全国对外开放格局和经济版图中的战略地位。

服务城市发展战略目标。将开放作为城市发展的内在要求、内生动力，对标国际顶尖水平，全面提升城市门户枢纽能力、运筹调度能力、创新引领能力、文化影响能力、区域带动能力，积极构筑城市全球品牌价值，不断提升国际竞争力和对外影响力，为实现成都"三步走"战略目标注入强劲动能。

服务企业多元发展需求。积极构建接轨国际的开放型经济体制机制，努力营造法治化国际化便利化营商环境，不断强化城市国际资源要素集聚和配置能力，完善内外资企业全生命周期、全生态系统的企业生产生活服务体系，助推企业高水平"引进来"和积极稳妥"走出去"。

第三节

成都建设国际门户枢纽的路径选择[①]

成都建设国际门户枢纽以对外开放高质高位发展为导向，深度融入"一带一路"建设，"四向拓展"的战略通道优势充分发挥，高质量开放型经济体系加快形成，国际竞争力和区域带动力全面提升，实现以大开放引

[①] 以下内容主要参考范锐平《高水平打造西部国际门户枢纽　加快建设"一带一路"开放高地》，《先锋》2018年第6期，第4—9页；蒋君芳、陈碧红《成都谋建"全球通"》，《四川日报》2018年6月6日。

领大发展。

一 以全球视野建设国际战略通道

建设西部国际门户枢纽,首先要依托国际空港、铁路港"双枢纽",构建"空中丝绸之路走廊"和"国际陆海联运走廊"战略通道,形成以成都为核心的亚蓉欧"空中丝绸之路+陆上丝绸之路"立体大通道体系。构建以成都为网络中心的国际航空大通道。充分利用地理中心优势,以"一市两场"为载体,全面构建覆盖全球的国际航空干线网络,加快布局"48+14+30"的国际航空客货运战略大通道。大力发展国际通程中转联运航线,重点培育欧洲与东亚、南亚、东盟、澳新间经成都中转的洲际航线,成为欧洲、非洲、中东到南亚、大洋洲的中转首选地。构建以成都为战略支点的四向铁路大通道。充分发挥成都位于丝绸之路经济带、长江经济带和中巴经济走廊、孟中印缅经济走廊核心腹地的作用,加快打造 7 条国际铁路通道和 5 条国际铁海联运通道,构建以成都为枢纽、联系太平洋和大西洋的新亚欧大陆桥,完善泛欧泛亚节点网络和西部陆海新通道服务体系。

二 以供应链思维建设国际物流体系

主动对标国际供应链枢纽城市,围绕产业转移趋势和跨国企业全球布局的要求,规划建设服务"一带一路"的供应链枢纽城市和供应链资源配置中心。打造面向全球的制造型企业配送枢纽,围绕世界重要节点城市和物流分销城市,开展灵活的货运包机和班列定制服务,为跨国企业提供从原材料采购到工厂制造再到终端消费各环节的供应链垂直融合解决方案,缩短全球供应链响应时间和降低整体成本,满足全球制造龙头和链主企业精益制造、广域分销、弹性交付的供应链管理需求。打造面向泛亚的国际区域分销企业配送枢纽,以跨国企业需求为导向,搭建高效、柔性、低成本的全球配送体系，做大做强泛亚和国内物流配送网络，为跨国分销企业的配送中心、零售卖场提供基于供应链全环节的定制化物流服务、专业化清关服务、多样化组配服务，帮助跨国分销企业降低运营成本。打造与全球接轨的国际供应链服务保障体系，以大企业大项目为核心，以提供集成、系统及一体的物流服务为导向，支持全球制造、贸易、物流企业以及供应链采购分销企业在蓉设立总部基地和分拨中心，建设跨境供应链交易平台和全球生物医药供应链服务中心，构建满足全球采购、全球配送的供应链综合服务平台，整合国际铁路港自贸通平台、国际航空港跨境贸易电商公共服务平台资源，为全球贸易和产业项目在蓉发展提供从国内端至国际端、生产端至销售端的供应链一体化综合服务。

三 以自贸区为载体谋划国际投资贸易平台

高位增强国际投资贸易平台功能，争取设立内陆自由贸易港，探索基于"两港"的陆空多式联运模式和国际贸易规则，加快构建符合国际惯例的涉外商贸服务体系，推动从以货物贸易为主向货物和服务贸易协调发展的"大平台经济"转变。大力推动货物贸易优化升级。以优化货物贸易结构为重点，依托海关特殊监管区，打造一批国际贸易综合服务平台，着力提升国际贸易"单一窗口"服务水平，健全国际贸易平台服务体系，不断完善口岸服务功能，构建航空、铁路、公路立体口岸开放格局；在中西部率先形成国际采购交易、综合保税、国际物流、国际会展、国际金融结算和国际财经资讯六大功能，基本形成比较完备的国际贸易中心核心功能框架。大力推动服务贸易创新发展。鼓励制造企业向"制造+服务"方向发展，重点发展金融、物流、信息、咨询等资本技术密集型服务；推动国际金融合作，加强与"一带一路"沿线国家的国际资本合作，打造"一带一路"金融服务中心、跨境供应链金融新通路和金融合作先行区。大力推动新兴贸易快速发展。加快培育跨境电商、市场采购、外贸综合服务等新业态新模式，支持引进国内外知名、市场占有率高的跨境电商平台、供应链综合服务平台、第三方服务商等企业在蓉设立区域运营中心和物流分拨中心，形成外贸新增长点。

四 以服务国家总体外交谋划国际交往中心建设

打造国家级国际交往承载地，加快建设对外交往中心，切实把外事资源优势转化为经贸合作优势，更好服务区域全方位开放。建设国际资源集成转化高地，大力实施"国际资源引入"计划，吸引更多国际机构、跨国公司、旅游代表处等落户成都，高标准建设成都领馆区，争取更多国家在蓉设立领事机构，以经贸信息共享为重点完善驻蓉领馆和国际机构定期联系机制，以产业互补为方向实施全球友城优选计划，构建经贸机构合作伙伴网络，让驻蓉领馆、国际机构、国际友城成为外资企业关注成都之窗、进入成都之桥。提升国际交往承载能力，加快成都国际会议中心建设，争取高级别高层次会议和国家层面开放合作重大项目落户，不断提升国际交往服务能力和水平。拓展国际交流合作渠道，精准实施对外文化交流活动和城市形象推广，激发文创、艺术、旅游、美食等国际特色交往活力，提升"经济外交"水平，放大"文化外交"影响，发挥"民间外交"作用，形成全方位、多层次、宽领域的对外交流合作新局面。

第二章

突破开放区位制约：从内陆腹地到开放前沿

随着我国全方位对外开放推进，"一带一路"倡议提出，打破了以封闭半封闭形态存在的行政区划的空间限制，将西部大开发的可利用空间拓宽至国内中东部，并延伸至中亚、东盟等地，提升了作为西部地区特大城市的成都在国内乃至全球一体化进程中的经济地理位置，由内陆腹地变为开放前沿。当下世界迎来百年未有之大变局，以外循环为主的经济发展模式难以为继，内外双循环新发展格局应运而生。新发展格局下，以西部连接欧亚大陆将成为外循环新方向，有利于成都成为国际国内双循环的战略链接，这将极大地促进成都建设成为承东启西、联通欧亚的国际门户枢纽。

第一节
百年未有之大变局

当今世界正经历新一轮大发展大变革大调整，大国战略博弈全面加剧，国际体系和国际秩序深度调整，人类文明发展面临的新机遇新挑战层出不穷，不确定不稳定因素明显增多。基于对世界大势的敏锐洞察和深刻分析，以习近平同志为核心的党中央做出一个重大判断：世界处于百年未有之大变局。深刻认识这一"变局"的丰富内涵，牢牢把握变局给中华民族伟大复兴带来的重大机遇，是新时代成都开拓广阔发展空间、建设成为国际门户枢纽城市的现实要求。[①]

一 世界经济形势主要特征

（一）亚洲经济发展与科技持续进步

以中国、印度、东盟等为代表，亚洲崛起与文明复兴步伐不断加快。二战以来，亚洲地区的产业分工格局不断调整，从日本引领的雁行发展模式到亚洲"四小龙"崛起，再到中国制造，亚洲产业呈现梯度转移与发展过程。在这一过程中，亚洲一直是欧美国家的商品生产制造基地，主要以出口加工贸易满足欧美市场。目前，东盟正在成为新兴的出口加工贸易生产基地。随着中国生产成本的日益上升，以日本为代表的生产制造商更多地布局于东盟国家。继东盟之后，中亚地区也开始呈现稳定发展的势头，近年来哈萨克斯坦、乌兹别克斯坦等国家的经济增长成为危机调整中的亮

---

① 高祖贵：《世界百年未有之大变局的丰富内涵》，《学习时报》2019年1月21日第1版。

点。当然，东盟以及亚洲其他国家仍离不开中国庞大的市场、完善的产业链、雄厚的制造基础以及基础设施建设能力，亚洲将在产业分工布局重构中实现更紧密的发展。[1]亚洲经济发展与科技进步持续走强，其人口规模、地理版图、资源潜力具有很大优势，中国倡议的"亚洲文明对话"助推古老东方文明复兴。国际货币基金组织数据显示，按购买力平价标准衡量，2019年亚洲GDP占全球34%，而美国与欧盟合计占比为31%；亚洲对全球经济增长的贡献率更是高达63%，美国为11%，欧元区仅为4%。亚洲的共同发展不仅有利于亚洲，也有利于世界经济的繁荣与稳定。

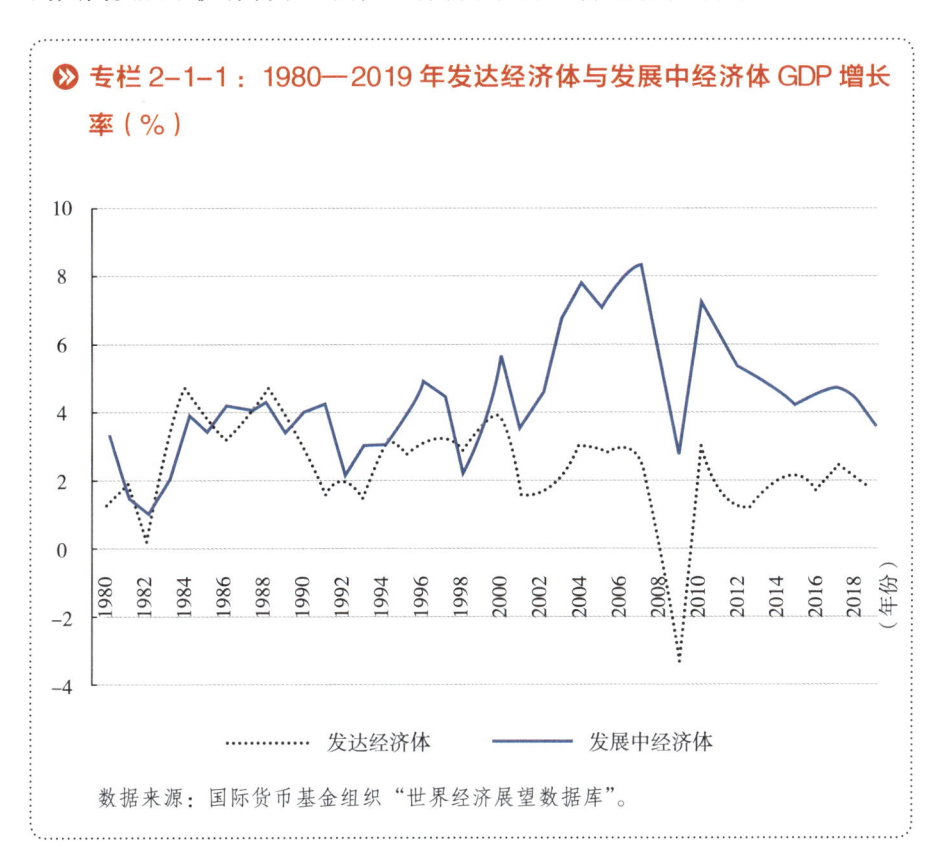

> **专栏2-1-1：1980—2019年发达经济体与发展中经济体GDP增长率（%）**
>
> 数据来源：国际货币基金组织"世界经济展望数据库"。

---

[1] 权衡：《亚洲经济崛起具有全球意义》，《人民日报》2015年7月17日第7版。

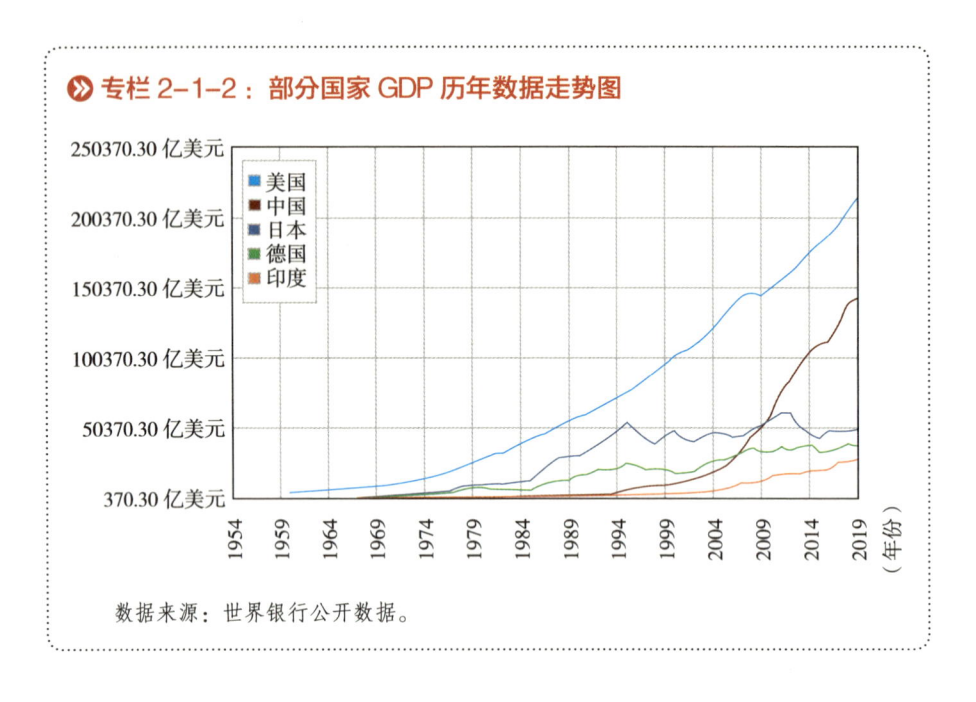

> **专栏 2-1-2：部分国家 GDP 历年数据走势图**

数据来源：世界银行公开数据。

（二）新技术新科技革命方兴未艾

迄今为止，人类历史上发生了三次工业革命。每一次工业革命都能够推动经济、政治、社会等诸多方面的变革，极大提升国家实力。当前，世界正处在从第三次工业革命转入第四次工业革命的转折期，以3D打印、人工智能、虚拟现实等为代表的第四次工业革命将极大地改变人类生活方式和商业发展模式。新工业革命对生产力、社会关系的影响巨大，各国势必展开激烈的竞争进而改变国家间的关系。比如，为争夺新技术制高点来提升竞争力，一些国家特别是拥有先发优势的国家，会对后来者进行技术垄断。新工业革命本身也带来许多挑战，人工智能、生命科学、量子计算等日新月异，技术、产业相互之间融合发展迸发新的活力，在造福民生的同时，也潜藏了很多问题。比如，智能化会替代人的工作从而减少就业，智能化技术可能会被"非道德化"利用，包括对改变人类基因技术的滥用、智能化武器与智能化战争等，如何应对这些挑战是21世纪的新课题。

（三）经济全球化深入发展，全球治理加快变革

冷战结束以来，新一轮经济全球化进程持续快速发展，为世界经济发展提供了强劲动力，促成了商品大流通、技术大发展、人员大流动、投资大便利、贸易大繁荣、资本大重组，越来越多的国家开始融入全球产业链、价值链、供应链。在这个历史性进程的长期作用下，全球各国和各地区的资源得到更合理的配置和更充分的发挥，发展中国家与发达国家通过产业链、价值链、供应链的构建和生产要素的流动实现了经济互联互通，整个社会的生产力得到更高程度的发展和释放，世界作为一个整体的发展水平得到显著提高。

二 国际门户枢纽城市新变化

新全球化进程、世界经济新增长及其新格局势必影响世界城市网络体系，使其发生重大变化。国际门户枢纽城市作为世界城市网络体系中的核心（基本）节点，直接与世界城市网络体系变化有关。

（一）全球化持续深化引发新型国际门户枢纽城市崛起

全球化不是"平"的，世界经济增长在空间分布上也不是"平"的，总是存在着全球化中心和世界经济重心，形成一种世界经济格局，国际门户枢纽城市崛起及其发展必须处于全球化中心和世界经济重心，位于全球化主要流经线路上和世界经济运行主要集聚地。当全球化主要流经线路和世界经济格局变动，国际门户枢纽城市发展会相应变化，游离之外的，则趋于衰退；日益接近的，则崛起发展。随着越来越多国家和地区融入全球化进程，也有越来越多的主要城市进入世界城市网络体系，成为网络中的一个节点，从而使网络容量增大，网络密度增强，网络连通拉长，在世界城市网络体系扩充及网络节点数量增加的情况下，作为核心（基本）节点的国际门户枢纽城市数量也会相应增加。

（二）经济重心转移将促进国际门户枢纽城市更新迭代

虽然亚洲面临着日益增加的金融系统风险、不平等以及环境压力等挑战，但亚洲的中长期增长前景看起来仍然强劲。到2050年，预计亚洲地区将新增30亿人口，成为世界人口的主要聚集地区；城市居民比例将达到65%，成为世界城市化的迅速发展地区；消费占全球消费的比重将达到45%，成为全球最大的消费市场；预计未来几十年，全球资本存量净增量约45%都将属于亚洲，资本存量绝对增量也随之提高，在2050年之前将上升到占全球3/4，成为全球资本存量最高的地区。随着全球化中心和世界经济重心的变化，在世界城市网络体系扩充情况下，其内部结构也会随之发生改变。一些传统网络节点（城市）的地位绝对和相对下降，即一些国际门户枢纽城市地位下降，甚至个别国际门户枢纽城市沦为一般城市；而新兴的一些网络节点（城市）的地位绝对和相对上升，即一些国际门户枢纽城市地位进一步上升，甚至一些一般城市迅速崛起为国际门户枢纽城市。

（三）区域性专业性国际门户枢纽城市将成为主流

经济长周期的不同阶段对全球化进程和国际门户枢纽城市发展有不同的重大影响。在衰退、萧条阶段，将减缓全球化进程，给国际门户枢纽城市发展带来较大阻力；在复苏、繁荣阶段，将助推全球化进程，给国际门户枢纽城市发展创造良好环境。未来30年，在新一轮世界科技革命与产业革命的动力下，经济长周期将进入复苏与繁荣阶段，从而助推国际门户枢纽城市蓬勃发展。随着新兴经济体的发展壮大，将呈现多极增长引擎共同支撑世界经济长期稳定发展。大型跨国公司将继续加快"近岸化"布局，将"全球范围"内的供应链收缩至"区域范围"内，"潜在市场规模"将成为跨国公司战略布局的重要考量因素。因此，经济发展的良好前景和庞大市场的有力支撑，使得中国将继续成为跨国公司布局的首选地之一，吸引外资仍有望保持增长态势。当发生世界经济格局的调整，特别是区域全球化发展，越来越多的国际门户枢纽城市将主要面向区域（大洲、大陆），仅有部分面向全球，基于分工的合理性，大都朝着功能专业化方向发展。

成都具有良好的生态资源禀赋优势、广阔的经济腹地和潜在的科研实力，在全球化的持续深化发展中，成都打造经济、文化、科技和生态融合协调发展的新型国际门户枢纽城市具有较大机遇。随着世界经济的变化，成都应紧抓世界城市网络扩充机遇，实现"弯道超车"，跨越式发展跃升成为全球城市。在国际门户枢纽城市建设中，成都未来发展主要面向泛欧泛亚，作为"一带一路"的衔接与控制中枢，因此应努力打造区域性专业性的国际门户枢纽城市。

第二节　双循环新发展格局

一　中国日益走近世界舞台中心

在当今全球化进程中，主要通过全球产业链、价值链、创新链来配置全球资源，而这些全球产业链、价值链、创新链的掌控中心及功能主要集中在国际门户枢纽城市，国际门户枢纽城市随之成为全球化的主要空间载体。在一个国家积极参与并引领和主导全球化的情况下，就会更加迫切需要有这些具有全球资源配置功能的国际门户枢纽城市。未来30年，中国不仅积极融入全球化，而且会发挥引领作用，从而要求有一批国际门户枢纽城市崛起和发展。

（一）中国的全球化进程加快

目前，中国商品贸易居世界第一，服务贸易规模连续6年保持世界第二，对外直接投资的流量和存量分别排世界第2位和第3位。自2000年以来，在全球各种价值链中中国产出所占的比重都在逐渐上升。未来30年，中国不仅在全球各种价值链中所占比重继续上升，而且在全球价值链中所具有的掌控力明显增强，将成为全球共同开放的重要推动者、世界经济增长的稳定动力源和全球治理改革的积极贡献者。中国作为经济大国对外部影响程度显著提升，特别是对全球经济与国际市场某些增量指标的影响，甚至在一定阶段具有了举足轻重的地位。中国将进一步在"一带一路"建设、《区域全面经济伙伴关系协定》（RCEP）等方面发挥更大的引领和主导全球化的作用。

（二）中国正形成综合立体交通网

在国内迫切需要一批国际门户枢纽城市崛起和发展的情况下，国际门户枢纽城市通常是在面向全球的主要发展轴上产生的。百年以来，世界各国以海权为纽带掀起了跨越各大洲的全球化浪潮，沿海地带首先成为发展轴和发达地区。美国哥伦比亚大学地球研究所萨克斯教授的研究表明，世界60%的GDP分布在沿海100公里的范围内，从而现有的许多国际门户枢纽城市均是沿海城市。内陆城市要成为国际门户枢纽城市的基本条件之一就是必须处在面向全球的主要发展轴上。2021年中共中央、国务院印发的《国家综合立体交通网规划纲要》中提出加快建设"6轴、7廊、8通道"国家综合立体交通网主骨架。其中，京津冀、长三角、粤港澳大湾区和成渝地区双城经济圈4个地区作为极。在4极之间，布局6条综合性、多通道、立体化、大容量、快速化的交通主轴；在极与组群、组群与组群之间，布局7条多方式、多通道、便捷化的交通走廊；这种轴、廊、群交叉联动，南北中、东中西互相促进、优势互补、协调统筹、共同发展、齐头并进的中国特色区域发展总体战略格局，将为建设社会主义现代化强国增添强劲的支撑力。

（三）新发展格局下中国将深化对外开放

2019年我国人均GDP首度突破1万美元，从欧美等发达经济体经济发展的规律来看，经济发展模式到了一定阶段就会发生转变，逐步从外向型转变为以内循环为主。十多年前这一规律开始显现，我国的外贸依存度已经从 2006 年的超过 60% 下降到 2019 年的 31.8%，这与全面建成小康社会的经济配置要求大体一致。自改革开放以来，利用国际国内两个市场、两种资源，参与国际经济分工与合作，人民生活水平得到了大幅提高。第七次全国人口普查数据显示，我国城镇化率高达 63.89%，总体上进入向全面建设社会主义现代化强国迈进的新征程。仅依靠原有发展模式已经无法实现新的目标，需要更好地利用国内市场规模优势，把满足国内需求作为发展的出发点，构建新的双循环发展格局。[①] 构建双循环新格局并不意味着闭关锁国。纵观人类社会发展史，世界经济开放则兴，封闭则衰，因此中央反复强调，中国开放的大门不会关闭，只会越开越大。

二　新发展格局下国际门户枢纽城市迎来新机遇

（一）中国深度融入世界经济体系

目前，中国 GDP 占美国 GDP 的比重已达到 75%。根据法国国际经济中心（CEPII）分析预测，在相对价格不变的情况下，中国 GDP 占全球 GDP 的比重将从 2008 年的 7% 上升至 2050 年的 20%；美国的占比将从 2010 年的 27% 下降至 2050 年的 17%。按实际汇率升值变化的相对价格测算各个国家 GDP 所占份额，中国将从 2010 年的 10% 上升到 2025 年的 22% 和 2050 年的 33%，中国对全球的影响力日益增强。根据麦肯锡全球研究院最新测算的中国—世界经济依存度指数，在贸易、科技和资本三个重点维度上，中国对世界经济的依存度相对有所降低。相反，世界对中国经济依存度却相对有所上升。在 GAWC 全球城市网络连通性榜单中，中国在前 10 城市中占据了三个席位（香港、上海、北京），而美国、英国、日

---

① 张占斌：《构建双循环新发展格局应把握好的几个关键问题》，《国家治理》2020 年第 31 期，第 9—15 页。

本、法国等发达国家各只有一个城市进入前10位。

> **专栏2-2-1：GAWC世界城市排名中国城市情况**
>
> | A++ | 无 |
> |---|---|
> | A+ | 香港　上海　北京 |
> | A- | 深圳　广州　台北 |
> | B+ | 成都 |
> | B | 杭州　天津　南京　重庆 |
> | B- | 武汉　长沙　厦门　郑州　沈阳　西安　大连　济南 |

（二）在新发展阶段下将涌现出一批具有核心竞争力的国际门户枢纽城市

在H型发展大格局下和国际门户枢纽城市区域发展中，预计将有一批具有核心竞争力的国际门户枢纽城市出现，并在其中发挥核心作用。这些连贯全球与中国的国际门户枢纽城市将主要分布在沿海和内陆地区，分别面向不同方向的全球市场，在国内国际双循环相互促进中发挥战略链接、市场链接、流量链接的重要作用。在这些国际门户枢纽城市中，有的是全球性、综合性的国际门户枢纽城市，有的是全球性、专业性的国际门户枢纽城市，有的是区域性、综合性的国际门户枢纽城市，有的是区域性、专业性的国际门户枢纽城市，将构成一个有机整体。

（三）各城市群战略实施形成各具特色的国际门户枢纽城市区域

在综合立体交通发展大格局下，我国经济发展将以中心城市为核心，以国际门户枢纽城市区域和巨型城市区域为主要空间载体。通过京津冀协同发展、长江经济带发展、粤港澳大湾区建设、长三角一体化发展、黄河流域生态保护和高质量发展、成渝地区双城经济圈等区域战略，以及环北部湾经济区、关中平原等城市群发展战略的实施，形成各具特色和功能作用的区域增长极和增长带，以区域综合竞争力参与国际合作和竞争。

近年来，成都迅速跃升到较高的层级，世界城市排名逐年上升，城市综合能力不断提高，拥有与全球城市特性相适应的较大发展潜力和城市基因，在中国周期的机遇下，成都建设国际门户枢纽城市将迎来前所未有的动能。在新发展格局下，成都将由战略腹地转向战略前沿，并随着高速铁路、高速公路以及作为第五冲击波的航空发展，全球贸易开始呈现从"海权"向"陆权"回归的态势，成都的"陆权优势"将日益增强，不断加快在全球城市网络中的地位提升。成都在向西向南开放以及西部发展轴上处于主要节点位置，拥有推动和支撑城市跃升发展的良好基础及发展形态、拥有加快向全球城市迈进的战略动能，将最有可能在西部发展轴上作为一座新型全球城市崛起。

第三节

成都建设国际门户枢纽城市优势

一　成都发展情况

在世界层面、国家层面的条件基本具备的情况下，国际门户枢纽城市"花落谁家"取决于城市层面的基本条件。城市层面的基本条件，既有历史沉淀的，也有现实基础的，还有动态发展的。对于成都来说，能否作为一座新型国际门户枢纽城市在西部发展轴上崛起，更重要的是基于动态发展的基本条件。

（一）创新转型发展成效显著

作为国家自主创新示范区、四川全面创新改革试验区核心区，成都"创新创业之都"蜚声海内外，支撑形成了"北有中关村、南有深圳湾、东有长阳谷、西有菁蓉汇"的全国双创新格局。入选"科创中国"试点城市，国家川藏铁路技术创新中心在蓉注册，成都超算中心投入运营，中科院成都科学研究中心等重大创新平台加快建设，净增国家高新技术企业近2000家。创新产业科研用地差异化供给模式，全面开展零基预算改革，启动实施国企改革三年行动，组建重大产业化项目投资基金、中西部首家市级再担保公司，连续获评"中国国际化营商环境建设标杆城市"。

（二）立体开放的发展格局基本呈现

成都正在以新开放观主动融入国家"一带一路"建设，开放平台能级提升。自贸试验区建设稳步推进，自贸试验区全年新增注册企业42188家、新增注册资本3728.5亿元。四川天府新区成为首批国家级进口贸易促进创新示范区，天府软件园获批国家数字服务出口基地，成都国际铁路港经开区获批设立省级经开区。高新西园综合保税区、国际铁路港综合保税区封关运营。对外经贸逆势上扬。2020年外贸进出口增速居副省级城市第2位，新设外商投资企业近700家，在蓉世界500强企业新增4家。开放合作不断加强，获批在蓉设立领事机构的国家20个，国际友城和国际友好合作关系城市104个，中日（成都）地方发展示范区挂牌成立。[①]

（三）枢纽型网络化的城市基础设施体系初步成型

成都天府国际机场、成都国际铁路港建设深入推进，国际空港、铁路港"双枢纽"格局已初步形成，以成都为核心的亚蓉欧"空中丝绸之路+西部陆海新通道"立体通道体系不断完善优化。2021年6月天府国际机场正式投运，双流国际机场跃居全球最繁忙机场第8位，拥有12条国际定期直飞全货机航线。获批中欧班列集结中心和铁路运邮试点，年度开行国际班列超过4000列，地铁运营里程达到515公里，位居全国城市第四。"宽带中国"示范城市建设成效明显，国家级互联网骨干直联点扩容和国家下一代互联网示范城市建设大力推进，5G产业积极布局，成为全国首个"5G

---

① 数据来源于2020年成都市国民经济和社会发展统计公报。

双千兆+全面商用"的城市。

（四）支撑流量经济发展的网络平台基本建立

成都是中国中西部地区金融机构种类最齐全、数量最多、金融市场发展速度最快的城市，已集聚各类金融机构及中介服务机构2600余家，存款余额、贷款余额、上市公司数量等主要金融指标均排名中西部第一。聚焦电子商务产业应用和电子商务产业服务环节，重点发展B2B、B2C、B2O等各类电子商务总部经济，大健康、文创和工业三大领域垂直电商，以及农业电商，加强电商平台搭建。在信息化领域已构建各种数据库平台、大数据平台。全面推进基本公共服务信息化，继续推进教育、区域卫生计生、社会保障等信息化，加快食品、药品安全监管信息化体系建设。加快推进智能交通建设，着力构建城市管理信息化体系和安全生产信息化监管系统，加强环保、水务、救灾等领域信息化建设。

（五）与高标准国际惯例接轨的营商环境加速形成

2020年，营商环境更加优化。出台实施成都国际化营商环境3.0版政策，商事制度改革纵深推进，注册登记便利化提升，企业住所（经营场所）申报登记制试点改革区域进一步扩大，"多证合一"改革持续深化，试点推行企业名称网上自主申报制改革，进一步压缩企业开办时间。营商环境加快市场化、法制化、便利化进程，为企业发展营造良好外部环境。工程建设项目审批事项减少36.5%，公共资源交易向智慧化升级，新登记市场主体61.8万户、增长15.6%，连续获评"中国国际化营商环境建设标杆城市"[①]。

（六）多点联动的城市空间格局趋于优化

深入落实主体功能区战略和制度，引导"东进、南拓、西控、北改、中优"差异化协调发展，城市形态加快由"两山夹一城"向"一山连两翼"

---

① 参见2021年成都市政府工作报告。

转变,"一心两翼三轴多中心"格局正在形成,人口分布、产业集聚与资源条件、环境承载更加适应。破除圈层发展瓶颈和资源环境约束,将中心城区范围由五区优化调整为"11+2"区域,形成"中心城区+郊区新城"的空间层次。积极实施"东进"战略,推动城市跨越龙泉山向东发展,开启城市发展格局的"千年之变",为城市永续发展创造了广阔空间。着力构建"功能复合、职住平衡、服务完善、生态宜居"的产业功能区,将全市110多个经济开发区(园区)整合调整为66个产业功能区,进一步增强天府新区、高新区、经开区引领带动作用。

二 拥有从战略腹地向战略前沿转化的历史机遇

成都作为内陆型城市,长期以来是我国的重要战略腹地,发挥着战略后方的基础性支撑作用。未来30年,随着我国双向开放格局的发展,特别是"一带一路"建设,以及区位条件变化,成都将从战略腹地转为面向泛欧泛亚的战略前沿。

(一)基于陆权、空权优势的良好枢纽条件

成都北向通过宝成铁路、西成客专、成兰铁路、川青铁路等连通西安、兰州、西宁,融入丝绸之路经济带;东向通过成渝铁路、成渝客专、成南达万铁路等连通重庆、万州,融入长江经济带;西向随着川藏铁路的建设,成都和西藏的联系将更加紧密;南向随着经泸州(宜宾)至北部湾通道的建设,成都将成为西部发展轴连接南北向的重要转换枢纽。航空作为21世纪最高级的运输形态,将对全球经济产生第五波冲击。目前成都拥有国内第四大机场,随着成都天府国际机场的建成,以及"一市两场"航空枢纽格局的形成,成都将成为继北京、上海之后国内第三个拥有双国际机场的城市,西部发展轴上乃至我国中西部唯一拥有双国际机场的城市。作为我国西部最重要的航空枢纽,成都将承载大量境内外人员、货物往来,为西部陆海新通道对外开放搭建"空中门户"。

（二）改变宏观经济战略，成都由"后方变前沿"

改革开放以来，我国对外开放战略经历了沿海开放战略、由沿海经济特区向内地推进、全面开放的演变过程。宏观经济区位变动的主要特征是，东部沿海地区作为对外开放的前沿和窗口，西部内陆地区作为对外开放的后方和腹地，资源要素主要是向东而去。"一带一路"和长江经济带建设标志着我国对外开放和区域发展战略思想的重大转变，向西开放和国内东、中、西协调发展，将从根本上改变西部内陆地区的经济区位，塑造区域经济发展新格局。地处"一带一路"和长江经济带交会点的成都，将成为向西开放的"龙头"，从传统后方变为区域开放前沿、区域合作前沿和区域发展前沿。[①]

（三）重塑经济地理格局，成为区域发展的重要支撑

从空间走向来看，成都位于长江上游地区，成渝城市群的双核之一，历史上是南方丝绸之路的起点和南北丝绸之路的连接点。在地理空间上，成都不仅是"一带一路"的核心节点城市，更是沟通丝绸之路经济带、长江经济带和中巴经济走廊、孟中印缅经济走廊联动发展的战略纽带和核心腹地。由此，成都从一个西部内陆城市转变为我国对外开放和区域经济发展的前沿阵地，跃升为"一带一路"和长江经济带建设的战略叠加枢纽，即东西通道枢纽、国际航空枢纽和亚欧铁路枢纽。

三 拥有潜力巨大的发展提升空间

（一）在世界城市网络中的地位迅速上升

在最新由全球化与世界城市研究网络（GaWC）发布的 2020 年世界

[①]《融入"一带一路"行动 成都参与全球资源整合竞争》，《成都商报》2016 年 9 月 23 日。

城市榜单中，成都居世界二线强城市（Beta+）榜第9位，成为唯一入选Beta+榜的中国城市，而在世界城市整体排名中，成都的排名跃升至全球第59，继2016年、2018年之后第三次实现大跃升。在早前2016年的排名中，成都因连升4级至Beta-，是所有城市中上升最快的城市，其表现曾被称作"暴力拉升"。在2018年的排名中，成都位次上升至第71，再度跃升2级至Beta+，在新一线城市中保持领先地位，与世界一线城市的差距正在逐步缩小。

（二）人口与经济承载潜力较大

成都地处成都平原中心位置，境内地势平坦、平原面积占市域总面积的40%以上，自古被誉为"天府之国"，是我国水土资源条件较好，经济富庶的重要区域。新中国成立以来，特别是改革开放以来，成都经济社会发展水平快速提升，目前已经成为我国西部地区人口最稠密、经济总量最大、综合实力最强的城市之一。成都城市人口总量仅次于北京、上海、重庆，经济总量是西部唯一迈入万亿俱乐部的副省级城市，城市首位度位居全国前列。科技创新能力较强，有四川大学、电子科技大学以及西南交通大学等世界一流大学，城市竞争力较强，经济竞争力、可持续竞争力、宜居城市竞争力均位于西部地区首位，产业优势突出，在电子信息、装备制造等多个产业领域有产量和产值位居全国前列等综合优势。

（三）经济腹地及战略空间较为广阔

成都作为西部地区的对外开放高地和综合交通枢纽，其经济腹地范围涵盖整个西部地区的大中小城镇及乡村地区，作为长江经济带上游的核心节点城市，辐射长江中下游地区。随着西部陆海新通道和丝绸之路经济带的建设，成都的经济腹地将凭借这几大国家战略通道进一步向西南、西北和中东部地区延伸拓展至全国，辐射到东南亚、南亚、中亚、欧洲的各个国家和地区。以成都、重庆两个中心城市为极核，成渝地区形成多层城市圈，第一圈层由眉山、德阳、资阳等城市为连接线构成；第二圈层由绵阳、南充、广安等城市为连接线形成；第三圈层由阿坝、凉山、广元等城市为连接线构成。此外，还有川南城市群、川东北城市群、渝西城市群、南遂广城市群、达万城市群等多个次区域城市群支撑。

（四）基于较低成本优势的发展潜力较大

随着中国经济的不断发展，东部沿海地区的土地价格和人力成本已经大幅提高，而随着产品市场的内迁，东部沿海的物流优势也被再次稀释，而成都的人力和土地成本优势就显得尤为突出，目前成都的地价房价、人力成本、环境成本等生活成本都相对较低，有较大的上升空间。若能持续控制成本较快上升，维持低成本优势，将对资源要素流入有较大吸引力，从而助推经济社会发展。同时，随着营商环境进一步优化，基于市场体系的各种信息、交易、中介、服务平台趋于完整化、配套化、复合化，将进一步降低各种制度性交易成本。

四 拥有与国际门户枢纽城市特性相适应的城市基因

城市基因是长期以来通过历史沉淀逐步固化为非正规制度的文化、习俗、行为方式等城市精神和品格。它对一个城市的发展具有深远影响。与一般城市不同，国际门户枢纽城市具有全球资源配置的战略性功能。因此，适合于国际门户枢纽城市这一特性的城市基因，将在国际门户枢纽城市崛起中起着潜以默化的重要作用。成都长期以来所塑造的城市基因，比较适合国际门户枢纽城市的特性要求。

（一）积极进取

几千年来，从李冰父子修建都江堰水利工程，到第一张纸币"交子"的诞生，成都一直是一座富有创新创造基因的城市。最早开发天然气用于制盐；形成别具一格、千古流传的茶馆文化；全国首创地方办学，开学馆、设讲堂、建石室；无论是李冰父子修建了名垂千古的都江堰水利灌溉工程等，还是在近代为辛亥革命立下"第一功"的辛亥秋保路运动，抑或是20世纪80年代在全国率先摘下了人民公社的牌子、第一个重新开了当铺、修建了世界上第一座以水为主题的城市生态环保公园——活水公园等，均反映了敢为天下先、不甘落后的积极进取精神。

（二）乐观包容

自古以来，成都是一个移民的城市，大批移民加速了人口流动，促进了文化交流和碰撞。三百多年来，成都有三次大的移民热潮。第一次是1661年的"湖广填四川"，成都接受的移民量最大。第二次是抗日战争和解放战争期间，北方二十多所大学迁来成都，文人云集。第三次是新中国成立后五六十年代的"三线建设"，吸纳了大批外来工厂、工人和技术人员。移民城市最大的好处就是以快乐的心情、开放的胸怀，吸纳普天下的思想、理念，博采众长，为我所用。

（三）审时度势

唐代诗人李白的诗句"九天开出一成都，万户千门入画图"，咏叹了成都的自然天成和美丽富庶，至今脍炙人口。从历史上看，成都人能够做到：进，可以称帝封王、建功立业；退，可以放下身段、淡泊名利、自得其乐。都江堰水利工程留给后人的人文启示正是进退自如的核心：自然和谐，平衡统筹，兼利天下，天人合一。审时度势、思方行圆、内方外圆，这是成都人文化性格中的内核，是城市基因的重要组成部分。

五　拥有加快向国际门户枢纽城市迈进的战略动能

用人均GDP、实际利用外资金额、旅客发送量、进出口总额和人口结构等相关的战略指标对成都、重庆、西安、兰州、乌鲁木齐、昆明和贵阳7个西部城市2050年的发展指标进行了预测和对比分析。结果显示，2050年人均GDP乌鲁木齐排名第一，成都排名第二；实际利用外资西安排名第一，成都排名第二；进出口总额昆明排名第一，成都排名第二；旅客发送量、人口红利两个指标成都将保持第一。经过指数化综合判断，在西部7个城市中成都综合排名第一，未来最有可能成为国际门户枢纽城市。

第三章

破除开放通道瓶颈：从蜀道难到"全球通"

  对外开放必然伴随着商品、信息、资金和人员等要素的跨境流动，而开放通道建设是城市与世界市场连通的首要条件。放眼全国全球，先进发达城市无一不是依靠高效、畅通的通道体系连通内外，为资源要素汇聚、要素商品流动和文化科技活动架起桥梁支撑作用。新中国的对外开放走的是一条由东南沿海先行先试，再逐步向西部内陆推进的道路。成都地处西南内陆腹地，不沿江不靠海不沿边，地理位置和交通状况曾经成为制约成都开放发展的一大因素，也是实施扩大对外开放的一道瓶颈。面对这样的情形，成都坚持以全面践行新发展理念为指引，经过多年来的精心规划和快速发展，"开天辟地"，依托地处"一带"和"一路"交汇重要节点城市的区位优势，加快打造国际门户枢纽，推动城市格局由"内陆洼地"向"开放高地"转变，实现了从"蜀道难"到"全球通"的巨大变迁。

第一节
构建亚蓉欧陆海空联运战略大通道

有助于提高中国在世界经济舞台的话语权。随着铁路、高速公路、航空以及内河航运的快速发展，成都已经构建成完整的陆海空内外通道网络，亚蓉欧陆海空联运战略大通道已经基本成型，大大缩短了成都走向世界的时空距离。党的十八大之后，我国改革开放已经行进到一个新的历史起点。四川省委、省政府高度重视开放开发，全力支持以成都为中心和支点带动区域向西向南开放合作，推动成都从第一轮开放中的内陆腹地跃升为第二轮开放中的开放前沿。成都坚持开放发展厚植新优势，依托国际空港、国际铁路港和西部陆海新通道枢纽，强化国家物流枢纽功能，构建亚蓉欧陆海联运战略大通道，形成东西互济的国际多式联运枢纽，打造以成都为核心的泛欧泛亚国际门户枢纽。

一 成都的核心地位凸显

以全球视野谋划国际战略通道建设，成都有着清晰的思路、明确的路径，提出建设以成都为网络中心的国际航空大通道、以成都为核心的陆海联运大通道。发挥成都对外链接功能，加快构建以成都为核心的空中丝绸之路和国际陆海联运"双走廊"，变"交通走廊"为经济合作大通道。

成都作为西部经济和外贸发展"领头羊"的地位明显，经济和外贸表现出较强的韧性和抗风险能力，正在成为西部乃至全国的开放高地和"主干"引领。首先，从人口总量来看，2021年成都常住人口达到2093.78万人，成为继重庆、上海、北京之后，我国第四个人口规模超过2000万人的城市。第七次全国人口普查结果显示，过去十年里，成都的常住人口增加近600万人，年平均增长3.31%。这代表了成都在经济社会环境等方面拥有巨大的吸引力，成都已经跻身于超大城市行列。其次，从经济总量来看，2017年成都市地区生产总值接近1.4万亿元，2020年尽管遭遇新冠肺炎疫情全球蔓延的冲击和压力，成都依然实现地区生产总值17716.7亿元，同比增长4.0%，高于全国1.7个百分点，居全国城市经济增长率排名第7位。最后，从对外开放度来看，2020年，成都外贸进出口达到7154.2亿元，同比增长24%，远高于同期全国进出口增长1.9%的速度，占四川省同期进出口总值的88.5%，成都高新综保区出口额连续31个月居全国同类综保区首位……成都已与全球235个国家和地区建立经贸关系，其中2020年成都对"一带一路"沿线国家进出口同比增长29.9%，成都的经济外向度达到40.4%，为近年来最高水平。

一般而言，全国大城市体系分为三个梯队：经济总量1.7万亿元以上的是第一梯队，经济总量1万亿元以上的是第二梯队，其他为第三梯队。显而易见，成都已经实现经济体量从"二线"向"新一线"城市跃升。成都的基础设施从"通道"向"枢纽"演进，市场腹地从"西部"向"欧亚"延伸，"门户枢纽城市"和"经济中心城市"双核驱动属性越发明显。

二 拓展以成都为网络中心的空中丝绸之路

所谓"空中丝绸之路"，主要是指以航空港和航空枢纽网络为依托的，通过航空运输实现对外贸易。此外，空中丝绸之路也包括"网上丝绸之路"的含义，即通过跨境电子商务网络平台和跨境电子商务产业交易链的建设，实现的跨境自由贸易。

作为空中丝绸之路的民航运输，是最安全、最快捷的运输方式，在"一带一路"的互联互通中发挥着先锋队的作用。据统计，世界范围内40%以上的贸易价值是通过民航运输实现的。作为我国向西、向南开放的门户和链接"一带"和"一路"的重要节点城市，成都充分利用自身的优势，拓展以成都为中心的空中丝绸之路。

首先，建设以成都为网络中心的国际航空大通道。成都全力实施"深耕欧非、加密美澳、覆盖亚洲、突出东盟"的国际航线发展战略，加快布局"48+14+30"的国际航空客货运战略大通道，形成覆盖全球 48 个重要航空枢纽城市、经济中心城市的精品商务航线和法兰克福、芝加哥、阿姆斯特丹等 14 个全球重要物流节点城市的国际全货运航线；形成 30 条服务对外交往、国际消费的优质文旅航线，提高到全球商务城市、新兴市场和旅游目的地的航班密度，实现至全球门户机场"天天有航班"。

截至 2021 年 4 月底，成都的国际（地区）客货运航线数达 131 条，其中定期直飞航线目前已达 81 条，航线规模位居我国内地第四、中西部第一。成都被国际航空运输协会（IATA）评为全球航空连通性最强的第四大城市。伴随全球通达性的不断提升，双流国际机场也越来越繁忙，旅客吞吐量几乎每三年上一个台阶，到 2020 年旅客吞吐量位居全国第二，仅次于广州白云国际机场。

其次，近年来成都加快布局开通"一带一路"沿线国家的直飞航班，"空中丝绸之路"的网络日益丰满。成都到东盟、西亚、南亚、中亚、俄罗斯、中东欧地区均开通了直飞航班，已经全面覆盖了"一带一路"区域。2021 年 6 月 27 日，我国"十三五"规划建设的最大民用枢纽机场项目在成都启航——成都天府国际机场开航投运，推开了开放门户的又一扇大门，构成"两场一体"协同运行的新格局。双流、天府两座国际机场犹如一对丰满的翅膀，为拓展以成都为网络中心的空中丝绸之路注入新动能、新活力。

> 专栏 3-1-1：成都开通直飞航班的"一带一路"沿线国家

成都可直飞的国家	所属地区
新加坡、马来西亚、印度尼西亚、缅甸、泰国、越南、菲律宾、柬埔寨	东盟
土耳其	西亚
印度、尼泊尔	南亚

续表

成都可直飞的国家	所属地区
俄罗斯	独联体
匈牙利	中东欧

注：统计截至2021年5月31日。

最后，"空中丝绸之路"的另一个含义是指基于互联网的跨境电子商务，也称"网上丝绸之路"。[①] 信息技术和互联网技术的飞速发展，使得国际贸易和经济往来突破了传统的地理空间限制，缩短了对外开放和交流的时空距离，也为处于内陆的城市开辟了一条扩大海外市场的新通道。跨境电子商务融合了国际（地区间）贸易和电子商务两种业态，是新型的跨境交易模式。推动跨境电子商务的发展，将直接带动物流配送、电子支付、电子认证、信息内容服务等现代服务业和相关制造业的发展，同时，跨境电商也是帮助中小企业打开世界市场的有效途径。

2020年全球遭遇了新冠肺炎疫情，国际贸易和各国经济均受到了不同程度的打击。然而四川省的对外贸易和跨境电商发展表现亮眼。数据显示，2020年1—9月，四川全省货物进出口额5917亿元，同比增长22.7%，增速居全国第一位。其中，跨境电商进出口额305亿元，同比增长102.3%；市场采购贸易出口额39.6亿元，为2019年全年的2.8倍。成都经济企稳回升的态势明显，贸易新业态迎来加速发展期。

成都市在四川省的跨境电子商务方面继续保持领头羊的地位。成都跨境电商交易额从2016年的21.6亿元增长到2020年的435.8亿元，年均增幅达到111.9%。2016年，成都市人民政府为贯彻落实《国务院办公厅关于促进跨境电子商务健康快速发展的指导意见》精神而制定《中国（成都）跨境电子商务综合试验区实施方案》。在该方案的全面指导下，成都市跨

---

① 对空中丝绸之路概念的此种解释，参见"百度词条"：https://baike.baidu.com/item/%E7%A9%BA%E4%B8%AD%E4%B8%9D%E7%BB%B8%E4%B9%8B%E8%B7%AF/1912787 0?fr=aladdin。

境电子商务取得了快速发展，并逐渐形成了特色产业优势，比如女鞋、电子信息、川酒、调料等。成都跨境电子商务产业园是四川唯一的跨境电子商务产业园区，是四川省执行国家"互联网+""一带一路"倡议在电子商务和对外经济贸易领域的重点项目。产业园毗邻的成都铁路集装箱中心站（青白江）为亚洲规模最大，产业园毗邻的成都铁路口岸是蓉欧快铁和中亚班列的始发站。产业园除了具有欧洲、中亚铁路班列口岸、亚洲最大集装箱转运中心站等优势资源之外，还广泛和东北亚、大洋洲以及北美有着密切的合作关系，能更好地帮助企业进行全球贸易。

三 贯通以成都为战略支点的陆上丝绸之路

（一）成都是陆上丝绸之路的重要节点

西汉时期陆上丝绸之路的起点为西安，经甘肃、新疆，到中亚、西亚，并连接地中海各国的陆上通道；东汉时期陆上丝绸之路的起点在洛阳。而成都也从来没有缺位过：成都是古代南方丝绸之路的起点，更是21世纪新丝绸之路上连接东部长江经济带城市向西出境的枢纽，也是连接陆上丝绸之路与海上丝绸之路的枢纽。

>> 专栏3-1-2：古代陆上丝绸之路和南方丝绸之路线路图

注：图片来自百度图库。

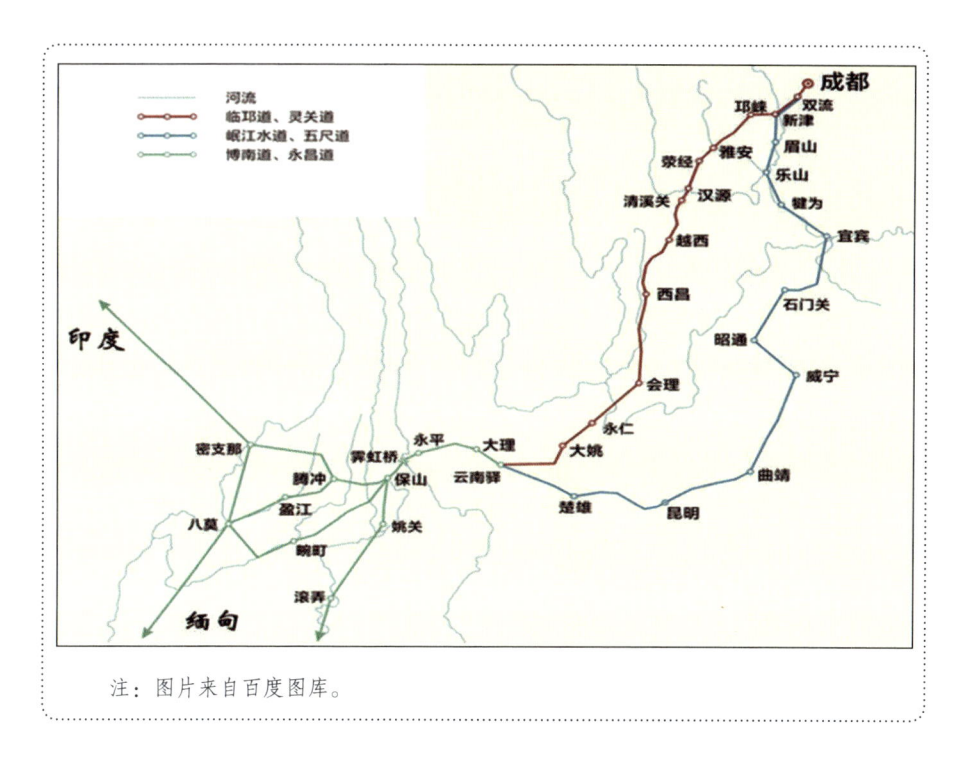

从上图可以看出，古代南方丝绸之路从成都经过雅安或者宜宾到云南，南至缅甸、印度并进一步通往中亚、西亚和欧洲地中海地区。在"一带一路"倡议路线图中，成都和重庆也成为了链接陆上丝绸之路和海上丝绸之路，也即链接中国西部与长江经济带城市的重要枢纽。

（二）完善亚蓉欧陆海联运网络

作为构建亚蓉欧陆海联运战略大通道的重要组成部分，在陆上国际通道拓展方面，依托独特的区位优势，成都聚焦打造国际铁路及铁海联运大通道，加快完善亚蓉欧班列"四向拓展"网络布局和陆海联运网络。

2013年4月26日，响应"一带一路"倡议，中欧班列（成都）从成都青白江始发，"钢铁驼队"奔跑于亚欧大陆"陆上丝路"上，架通了快捷高效的亚欧大陆桥，从根本上打破了西部地区发展外向型经济必须依赖港口"借船出海"的历史。

目前，成都已经全面构建起向西至欧洲腹地、向北至俄罗斯、向南至东盟的"Y"字形国际铁路、铁海物流通道。立足中欧班列向西向南通道，发挥好国际班列和国际铁海联运体系，构建辐射泛欧泛亚、衔接太平洋印度洋大西洋沿岸的物流交换系统，成都发挥了重要支撑作用。如今成都国际铁路港已对外布局 7 条国际铁路通道和 6 条海铁联运通道，构建起以成都为枢纽的通边达海、内畅外联的国际陆海联运通道体系，南向连通东盟全境、西向直达欧洲腹地、东向辐射日韩和美洲，北向对接中蒙俄经济走廊，实现链接境外 61 个城市和境内 20 多个城市，助推西部地区加速融入全球经济格局。[①]

2020 年面对新冠肺炎疫情的影响和冲击，成都市再次强调要着眼共建面向世界链接亚欧的战略通道和门户枢纽，完善泛欧泛亚节点网络和四向拓展服务体系，构建链接东盟、衔接日韩、覆盖中亚、连通欧洲进而链接全球的亚蓉欧陆海空联运战略大通道，打造"一带一路"进出口商品集散中心、供应链枢纽城市。

> **专栏 3-1-3：国际班列跑出成都加速度**
>
> 2013 年 4 月 26 日，第一列中欧班列（成都）从青白江始发开往罗兹，8 年来，中欧班列（成都）不断突破各种运行中的瓶颈，实现了从规模到效率和效益的飞跃发展。
>
> 立足未来成都市提出了"蓉欧+"发展战略，以成都为跨境货物集散中心，以中线（成都至罗兹）、北线（成都至俄罗斯）和南线（成都至伊斯坦布尔，远期将通过巴基斯坦延伸至南亚）为三条主要国际干线，打通多个方向的国际市场，打造多条辅助性国际运输通道，形成"一心三向多通道"的"蓉欧+"跨境班列体系。
>
> 目前，以成都为主枢纽，西进欧洲、北上蒙俄、东联日韩、南拓东盟的成都国际班列线路网络和全球陆海货运配送体系初步建立，已

---

① 《成都：重构开放格局　在构建新发展格局中率先突破》，《成都日报》2021 年 3 月 8 日。

> 拓展 7 条国际铁路通道、6 条国际铁海联运通道，成都的国际班列开行数量逐年快速增长。
>
> 2017 年成都国际班列开行数量实现历史性重大突破，当年开行量就突破了 1000 列，2020 年当年开行量达到 4317 列，其中中欧班列开行 2600 列。国际班列累计开行数量从 1000 列到 2018 年全国率先达到 2000 列，再到 2020 年突破 10000 列，成都仅用了三年多时间，可谓是"成都速度"。值得一提的是，在全国中欧班列开通初期普遍亏损的局面下，蓉欧班列努力克服回程货源不足、运转成本高等困境，率先实现了盈利，可谓是"成都效率"。

四 共建贯通欧亚、链接全球的西部陆海新通道

作为连接"一带"和"一路"的陆海联动通道，西部陆海新通道纵贯我国西南地区，有机衔接丝绸之路经济带和 21 世纪海上丝绸之路，加强中国—中南半岛、孟中印缅、新亚欧大陆桥、中国—中亚—西亚等国际经济走廊的联系互动，西部陆海新通道成为促进陆海内外联动、东西双向互济的桥梁和纽带。2019 年国家制定了《西部陆海新通道总体规划》。其核心就是要发挥四川特别是成都和重庆双向双核发力的作用，推进西部大开发形成新格局，推进中国全域开放新高度。

西部陆海新通道利用铁路、公路、水运、航空等多种运输方式建设三条出海通道：第一条通道由重庆向南经贵州、南宁，通过广西北部湾等沿海沿边口岸，通达新加坡及东盟主要物流节点；第二条通道自重庆经湖南怀化、广西柳州至北部湾出海口；第三条通道自成都经泸州（宜宾）、广西百色至北部湾出海口。西部陆海新通道建设拉近了四川与新加坡等南亚、东南亚国家的距离，比以往其他途径节约 10 天左右的时间。而且，借助西部陆海新通道既形成了川渝、贵州、云南、广西等西部省区之间的协同

联动；也拉近了西部内陆地区与海南自由贸易港的距离。

近年来，成都扎实推进《西部陆海新通道总体规划》贯彻实施，大力提升通道服务经济的能力，高质量加快运输通道和物流设施建设，不断提升通道运行与物流效率，促进通道与区域经济融合发展，继续加强通道对外开放及国际合作，努力打造东盟—北部湾—成都—欧洲的多式联运双向通道。

第二节
强化成都国际航空枢纽地位

航空枢纽发达程度是衡量城市竞争力的重要指标，无论是基于经验还是数据，毋庸置疑的是，经济越发达的城市，政治、文化影响力越大的城市，其航空枢纽地位越明显：国际经济金融中心如纽约、伦敦、东京、香港、北京、上海通常也是国际航空枢纽中心。2020年新冠肺炎疫情对全球航空业影响严重，而中国由于率先控制住了疫情航空业表现相对突出。在IATA发布的榜单中，2020年9月上海、北京、广州和成都的航空连通性位列全球前四。2021年6月27日，天府国际机场正式运行，从此拥有"双翼"的成都，在国际航空枢纽建设方面即将腾飞，其国际航空枢纽的地位令人瞩目。

一 打造面向全球的航空门户枢纽

根据民航数据分析系统（CADAS）发布的2018年百万级以上机场吞吐量排名，北京首都、上海浦东、广州白云、成都双流、深圳宝安、昆明长水、西安咸阳、上海虹桥、重庆江北和杭州萧山机场名列前十。2018年12月，成都双流国际机场继北京首都、上海浦东、广州白云之后，成为我国第四个、中西部首个跻身全球"5000万级机场俱乐部"的成员。

成都抢抓全球航空业格局重构与天府机场建成投运的历史机遇，大力提高到全球商务城市、新兴市场和旅游目的地的航班密度。围绕加快建设国际门户枢纽城市，加快布局国际航空客货运战略大通道，最多的一年上新10余条国际航线。2019年，成都新开通了直飞芝加哥、伊斯坦布尔、罗马、德里、温哥华、赫尔辛基、布鲁塞尔等14条国际客货运航线，并新开通直飞布达佩斯航线，全年新开国际航线达到15条，创历年新高。追求"数量"更要"质量"，新开的15条国际航线遍布全球五大洲，体现出成都打造国际航空枢纽的全局意识。2021年3月，成都两日内连续开通至孟加拉国首都达卡、英国首都伦敦全货机航线，再次向世界上演了成都航空门户枢纽的"空中速度"。截至2021年4月底，成都的国际（地区）客货运航线数达131条，其中定期直飞航线目前已达81条，航线规模位居我国第四、中西部第一。因为一条条国际航线从双流国际机场延伸而出，不断拉近与世界的距离，日益提升的全球通达性，不仅为成都人民很好地"看世界"铺就了便捷之道，也为国际经贸合作、交流往来等搭建起了高效的空中桥梁。

成都的国际航线网络布局不断完善，通达全球的国际航空客货运骨干航线网络基本形成，航线网络干支衔接水平稳步提升，枢纽机场航班波初见雏形，成都国际航空枢纽和面向欧洲、中东、东盟的空中门户枢纽地位日益凸显，航线数量、质量稳居中西部前列，航线网络结构持续优化提升，成为全球航空连通性最强的大城市之一。目前成都航空枢纽综合竞争力持续提升，双流国际机场扩能改造全面完成，成都天府国际机场一期工程于2021年建成投运，双流国际机场高峰小时容量提升至58架次，在中西部地区率先实施144小时过境免签政策。成都双流国际机场航空口岸年度出入境流量突破700万人次。2020年，双流机场旅客吞吐量4074.2万人次，位居全国第二、全球第三。

二 做强洲际航空中转枢纽功能

中转枢纽功能是航空公司撬开效益的大门，也是作为面向全球的国际航空枢纽必备的功能。成都利用地理区位优势，以"长短结合、宽厚兼顾"为原则，大力发展国际通程中转联运航线，重点培育欧洲与东亚、南亚、东盟、澳新间经成都中转的洲际航线。构建北美—成都—南亚、欧洲—成都—东南亚/大洋洲等绕航率低的中转航线网络，有效提升航线网络的衔接效率，优化完善联运服务体系，吸引更多中转旅客，建设洲际航空中转枢纽。

首先，利用新技术优化服务流程。构建衔接紧密、运行高效的"航班波"和缩短航班最短中转衔接时间（MCT），打造中转联运优质服务产品，构建低绕航率的中转航线网络，有效提升国际与国内航线、国际与国际航线、"空中网络"与"地面网络"的衔接效率。构建数智化中转服务平台，做优"从蓉转"服务品牌，增强洲际中转能力，优化机场内部中转流程，全面推行国际中转通程值机行李直挂服务和通程航班"全委托"模式，缩短航空通程联运时间，为旅客提供快捷、便利、舒适的中转服务，不断提升中转时效和服务水平，提升国际中转客流比例和全球客货集疏能力。

其次，落实推进成都航空货运枢纽建设扶持政策。鼓励设立基地货运航空公司和航空货运转运（分拨）中心，增强驻场航空物流市场主体能级，提升成都国际航空货运能力、机场货运设施效能和航空物流服务品质，促进航空货运中转业务发展和航空货量、中转货量增长，持续增强成都国际航空货运枢纽功能和集聚辐射效应。创新航空口岸国际中转业务模式，围绕服务重点企业国际供应链需求，推动实现国际中转货物跨航司、跨货站操作模式的突破并实现常态化运行。结合航空货运业发展变化和成都市产业需求优化货运扶持政策，以伦敦、罗马、伊斯坦布尔等枢纽干线为范例实行"航线拓展+中转奖励"市场培育模式，积极引导航空公司做强航线网络衔接，提升成都枢纽全球资源集聚和配置能力。

三　提升航空货物转运中心能级

从成都的国际贸易运输方式来看，航空运输已成为"第一运输方式"，有效支撑了对外贸易的国际物流需求。2019年，成都国际货物运输方式承担对外贸易额前三位依次为国际航空、国际陆海联运、国际铁路。相比 2010 年，得益于对外贸易迅猛发展，成都国际航空运输货值呈快速增长。

> **专栏 3-2-1：2010—2019 年成都海关进出口商品价值运输方式（万美元）**
>
> | 国际运输方式 | 2010 年 | 占比 | 2019 年 | 占比 |
> |---|---|---|---|---|
> | 航空运输 | 1063769 | 43% | 41427722 | 71% |
> | 水路运输 | 1232815 | 50% | 10365102 | 18% |
> | 铁路运输 | 28503 | 1% | 3597918 | 6% |
> | 公路运输 | 136750 | 6% | 2982877 | 5% |
>
> 数据来源：成都统计年鉴。

2019 年成都双流国际机场旅客吞吐量 5585.9 万人次，全国排第 4 位；货邮吞吐量 67.2 万吨，全国排第 6 位；飞机起降 36.6887 万架次，全国排第 5 位。成都双流国际机场的旅客吞吐量已经居全国前 4 位，货邮吞吐量也在稳步增长，与上海、北京和广州相比，成都的航空货邮吞吐量还存在较大的上升空间。随着天府国际机场的建成运行，未来成都作为全国和国际航空货物转运中心的功能将大大提升。

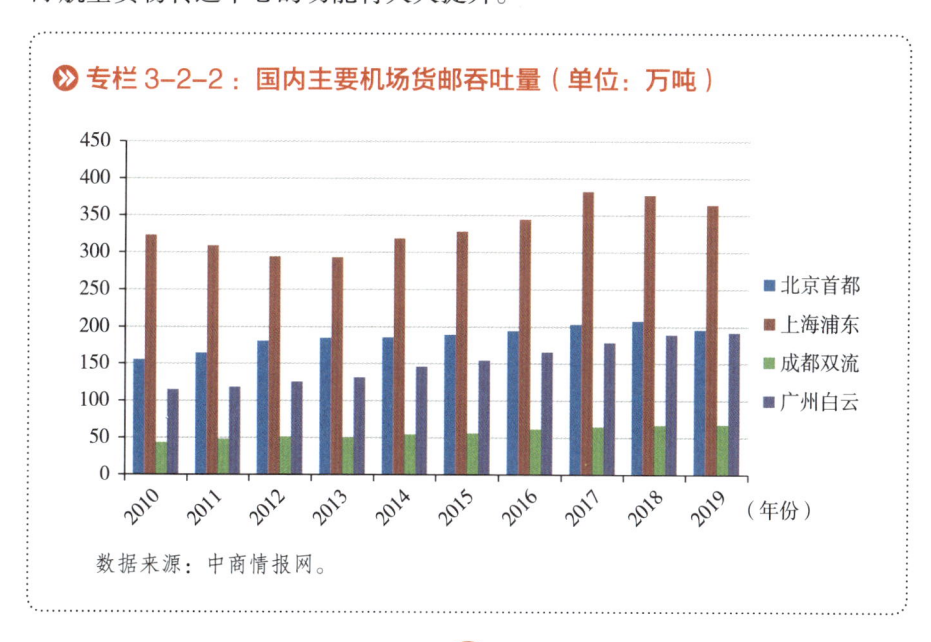

> **专栏 3-2-2：国内主要机场货邮吞吐量（单位：万吨）**
>
> 数据来源：中商情报网。

截至目前，成都已经成功开通了法兰克福、芝加哥、阿姆斯特丹等 14 个全球重要物流节点城市的国际全货运航线，充分发挥航空货运在高价值商品国际贸易中的优势。为提高航空货运转运中心的量级，双流机场在加密货运航线方进行了多种创新。除了全货机外还开发客改货包机，从 2020 年 3 月起，国航推出"客改货"包机服务。目前，平均每天至少有 8 架次"客改货"航班从双流机场起飞，成都双流国际机场客改货航线达到 30 余条。

双流机场积极与国内国际大型物流企业进行合作，设立分拨转运中心，推进客货协同发展。如此布局来促进双流机场航空货运产业发展，补齐全货机运量占比低和缺乏大型物流集成商的短板。

> **专栏 3-2-3：物流龙头落地成都，提升航空货运能级**
>
> 2021 年 3 月 14 日，顺丰国际开通成都到孟加拉国首都达卡的全货机航线；第二天递四方"成都—伦敦"全货机航线包机，又从成都双流国际机场顺利起飞……物流龙头选择成都作为国际货运航线的中心，充分反映出并进一步提升成都国际航空枢纽的地位。
>
> 深圳递四方以全球包裹递送网络（GPN）及全球订单履约网络（GFN）两张网络为基础，为跨境电商提供全球仓储物流等综合服务，是细分领域市场服务类型最健全，全球网络最完善的龙头企业，旺季时日处理包裹高达 800 万单。递四方在西南地区的布局，着重选择了成都设立其跨境供应链西部集散中心。这样一家服务全球过百万跨境电商商户和近数亿跨境电商终端用户的龙头企业来到成都，意味着其包机运输将在双流机场成为常态化。利用递四方覆盖美、欧、亚等国家和地区的海外仓网络，依托双流机场及周边资源设立仓储物流分拨集散中心，将加快布局开辟国际全货机航线，建立全球化综合服务平台，打造全球跨境供应链综合服务体系。递四方将与双流区人民政府，以及四川省机场集团等单位更紧密深入合作，未来将成立 AI 实验室，致力于跨境电商物流的智能化、大数据、AI 体系研发等，以及打造科技人才梯队。

第三节
打造国际铁路枢纽

国际货物贸易跨境运输主要依靠三种方式：海运、铁路和空运，这三种运输方式各有利弊，因此各自适用于不同的商品或不同的距离。铁路运输的相对优势在于时间与成本的综合：与空运相比，"蓉欧快铁"运送相同的货物到达欧洲的成本只有空运的四分之一；与海运相比，"蓉欧快铁"运送相同货物到达欧洲的运输时间只有传统海铁联运时间的四分之一。因此，中欧班列在陆上丝绸之路贸易中具有巨大的发展潜力，将成都打造成链接我国东部与西部以及"一带一路"沿线的重要国际铁路枢纽，对于促进我国高质量开放意义重大。事实上，经过近年来的快速发展，以成都铁路港为中心的，贯通亚蓉欧以及链接东西部的铁路运输网络已经完成。

一 构建以成都国际铁路港为核心的陆港主枢纽

近年来国家持续加大西部铁路投资建设和提质增效力度，从成都出发走向世界的铁路通道越来越多，比如西向中欧班列（成都）、南向铁海联运班列（蓉欧＋东盟）、东向沿江班列（蓉—汉—沪）等，这些都已成为西部连接"一带一路"和长江经济带的重要物流通道。成都的努力和取得的成就备受瞩目。

第一，坚持"强枢纽、畅通道、促贸易、聚产业、优环境"发展思路，加快建设成都国际铁路港物流枢纽，打造服务"一带一路"沿线国家和地区的国际供应链枢纽节点。近几年，成都在中欧班列的基础上，以西部陆海新通道建设为契机，加大完善内外铁路通道网络建设。建成投运成贵铁路，推进隆昌至黄桶至百色货运通道建设，着重打造蓉桂陆海通道，稳定运行经广西钦州联通东南亚、澳新、中东的铁海联运班列和经广西凭祥至越南河内的跨境铁路班列；积极打造东南亚国际物流通道，其中成都经河口出境至越南的"东盟国际运输专线"已于2016年5月投入运行；衔接中欧国际班列西部通道，加快建设成兰（西宁）铁路，开展成都至格尔木的铁路建设研究并争取纳入国家规划；开辟经霍尔果斯出境的第二条西向国际物流通道，形成经阿拉山口至蒂尔堡、经霍尔果斯至伊斯坦布尔的泛欧铁路大通道，打通进出印度洋阿拉伯海最近的铁海联运通道；对接沿江通道，全面提升高速铁路总体等级，加快融入国家高铁网络；拓展"蓉欧+"铁路班列货运通道，依托长江水道和沿江铁路打通连接长三角、粤港澳的东向通道，辐射日韩以及美洲地区。

第二，持续完善成都国际铁路港货运场站功能布局，构建以成都国际铁路港为主、铁路货运场站为补充的铁路货运体系，全面增强国际铁路港承载集疏功能和中欧班列集结中心、西部陆海新通道主枢纽功能。成都铁路口岸拥有一流的软硬件环境和完善的功能，由国际物流园区、成都铁路集装箱中心站和铁路保税物流中心（B型）三部分共同组成。成都铁路口岸的二号卡口直接与成都铁路集装箱中心站相连接，成功实现海关监管堆场与铁路集装箱中心站的无缝对接，这是全国唯一一个实现海关监管场所与铁路枢纽直接连通的铁路口岸。通过这种监管堆场与铁路枢纽的直接对接，集装箱完成报关手续后可直接吊装上火车启运出境，极大提高了货物转运效率，节约了企业物流成本，口岸枢纽功能优势明显。在软件系统和智能化方面，成都铁路口岸在全国率先成功实现铁路货物装载舱单数据与口岸辅助系统互联互通，实现数据共享，使得口岸联检单位可与海运、空运一样实现舱单数据动态监管，及时掌握进出口商品装配信息，提高货物通关时效。[①]

第三，完善铁路港枢纽要素功能，大幅提升集疏能级。建设中欧班列（成都）集结中心，拓展国际陆海通道网络；优化全程物流服务网络，

[①] 杨杰：《"一带一路"背景下成都铁路口岸促进四川经济发展研究》，硕士学位论文，成都电子科技大学，2016年，第50页。

增强全球供应链服务能力；发展适港适铁产业，打造临港适铁现代制造基地。例如，作为蓉欧铁路起点的青白江区已于2017年10月开始建设临港产业聚集高地——欧洲产业城，重点发展先进材料、智能制造产业，着力打造适铁适欧两头在外的现代制造业；夯实国际贸易服务载体，提升贸易发展能级；优化港区发展环境，推进人城产融合发展。

二 强化承载枢纽集散能级和中欧班列中心功能

2013年4月26日，首趟"蓉欧快铁"从青白江出发开往罗兹，成都中欧班列正式开行。8年来，中欧班列累计开行超过13000列，进出港货值从2017年的577亿元，增长到2020年的1507亿元，年均带动四川进出口贸易120亿美元以上。[①]

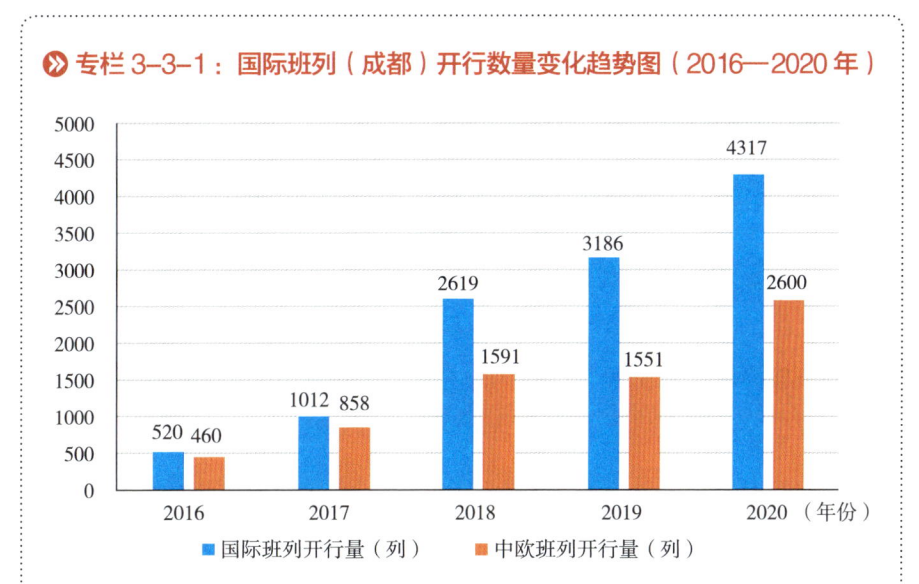

> **专栏3-3-1：国际班列（成都）开行数量变化趋势图（2016—2020年）**
>
> | 年份 | 国际班列开行量（列） | 中欧班列开行量（列） |
> |---|---|---|
> | 2016 | 520 | 460 |
> | 2017 | 1012 | 858 |
> | 2018 | 2619 | 1591 |
> | 2019 | 3186 | 1551 |
> | 2020 | 4317 | 2600 |
>
> 资料来源：成都市口岸物流办融入"一带一路"建设2020年工作总结和2021年工作计划、成都市青白江区发展和改革局关于青白江区融入"一带一路"建设2020年工作总结和2021年工作计划的报告。

---

① 中国（四川）自由贸易试验区网站（http://www.scftz.gov.cn/zmdt/-/articles/5705073.shtml）。

目前，中欧班列（成都）运输出口货物主要为电子设备、笔记本电脑、电脑配件、汽车整车及零配件等货品；进口货物主要为飞机及零配件、磁悬浮轨道梁、汽车整车及零配件、工业电烘箱、压缩机、球连接、电子助力总成、轮胎、包装薄膜、食品及红酒等货品。

（一）不断思考不断总结不断调整，是成都中欧班列成效显著的重要因素

按照中欧班列高质量发展要求，成都国际班列着力抓好"提质、降本、增效"，实现重载率、货值、开行质量的快速提升。据报道，2019年1月至4月，中欧班列（成都）综合重载率84.7%，较上年上升26.4个百分点。其中，去程重载率97.5%，较上年上升19个百分点；回程重载率74.2%，较上年上升35个百分点，中欧班列（成都）运输货值达19.1亿美元，较上年同期增长59.2%。[①] 针对沿线国家轨距不一致问题，中欧班列（成都）创新实施宽轨段集并运输模式，通过"三列并两列"有效地节省宽轨段的运输成本，全程物流成本下降5%—10%。

（二）为提升运输质量，中欧班列（成都）不断创新

一方面，不断提升专业化服务水平，深化大客户合作关系，通过分析货源结构、货物价值特性等，为生鲜类产品、信息产品、大型家电产品等附加值较高的资本密集型商品提供专业物流解决方案。目前，中欧班列（成都）已与联想、戴尔、TCL、吉利和沃尔沃等大型客户建立了直接合作关系。另一方面，中欧班列（成都）围绕外贸需求不断推进产品创新，打造木材、整车、肉类、跨境电商、粮食、红酒、奶制品等商贸进口平台，进出口产品品类不断完善。

---

① 《蓉欧班列6岁了：成本降了 重载率提升了》，2019年5月4日，成都全搜索新闻网（https://www.sohu.com/a/312323684_99950374）。

（三）川渝两地开展中欧班列深度合作

蓉欧+战略顺利推行并与重庆合作，加快推动川渝地区其他城市加入，积极组织货源，使更多的城市和企业搭上中欧班列飞驰到"一带一路"市场。

2021年1月1日，成都、重庆两地同时发出2021年中欧班列（成渝）号第一趟列车。满载电子产品、机械零件、智能家电的两列中欧班列带着新年的新气象，一路向西驶往欧洲的波兰罗兹和德国杜伊斯堡，分别到达西欧、东欧的交通枢纽。作为全国中欧班列开行的开拓者和探索者，历年中成渝两地中欧班列合计开行量约占全国开行总量的40%。从2021年1月1日起，成渝两地在中欧班列的品牌建设、统一数据、协商定价、沟通机制等方面的合作迈出了实质性步伐，实现中欧班列（成渝）统一品牌运行。

2021年4月28日，首趟中欧班列（成都）达州专列从四川省达州市高新区始发，20车满载着鞋类、玩具和化工产品的集装箱驶向欧洲，最终抵达德国汉堡等地。成都市青白江区和达州市两地紧密合作，共同推动全川共建"亚蓉欧"产业基地，进一步凸显了成都国际铁路港服务全川外向型经济发展的枢纽作用。

> **专栏3-3-2：成渝两市中欧班列主要线路及运行情况**

中欧班列	运行路线与具体情况
成都—罗兹	从成都青白江始发，由阿拉山口出境，途经哈萨克斯坦、俄罗斯、白俄罗斯，至波兰罗兹站，全程9965公里，运转时刻约14天。货源主要是本地生产的IT商品及其他出口货品。
成都—蒂尔堡	从成都青白江始发，由阿拉山口出境，途经哈萨克斯坦、俄罗斯、白俄罗斯、波兰、德国到荷兰蒂尔堡，全程10858公里，运行时间约15天。去程货物主要是LED显示屏、轮胎、机载配重件、灯具、装饰资料、日用品等货物。回程货物主要是红酒、啤酒、奶粉、矿泉水、汽车零配件、汽车整车等。

续表

中欧班列	运行路线与具体情况
成都—伊斯坦布尔	从成都青白江始发，由霍尔果斯出境，途经哈萨科斯坦，从阿克套乘船到达阿塞拜疆的巴库，换乘铁路到达格鲁吉亚的波季，最终由波季通过公路运输到达土耳其伊斯坦布尔，运行总里程约13000公里，单程运行时间约15—16天。去程货物主要是服装鞋包、餐具、家具、玻璃制品等日用百货。
重庆—杜伊斯堡	从重庆团结村站始发，由阿拉山口出境，途经哈萨克斯坦、俄罗斯、白俄罗斯、波兰至德国杜伊斯堡站，全程约11000公里，运转时刻约15天。货源主要是本地生产的IT商品，2014年已开始招引周边地区出口至欧洲的其他货源。

数据来源：笔者整理归纳。

三 探索"铁路+"国际多式联运规则体系

在涉及两种以上运输方式的跨境贸易中，多式联运能达到简化货运环节、缩短货物运输时间、减少货差货损、降低运输成本、提高运输组织水平、实现合理运输的目的。多式联运国际公约与规则是指国际社会为确定多式联运各方当事人的权利义务和责任所制定的公约和规则。为了能够保证国际社会的普遍认可和参与，联合国贸发会和国际商会联合制定了《1991年多式联运单证规则》，作为最终实施《联合国国际货物多式联运公约》的过渡，已于1992年公布实施。成都未来应加快推进"铁路+"的国际多式联运体系建设。在遵守国际规则的基础上，加快探索创新出具有成都特色的多式联运规则和运行模式。

成都依托中欧班列和西部陆海新通道建设，开展"铁路+"多式联运"一单制"创新实践，探索创设以国际铁路为主的多式联运单证，强化陆路运输提单物权属性。大力发展多式联运，汇聚物流、商流、信息流、资金流等，创新"物流+贸易+产业"运行模式。通过优化"铁海""铁水""铁公""铁空"联运模式，推进多式联运示范工程，提升枢纽间衔接转换效率，进一步增强枢纽集疏、辐射功能。目前已经成功开通多条国际多式联运通道：（1）推进天府国际机场"动货、普货双铁进港"工程和多式联运示范工程，创新面向全球的"中欧班列+国际客货机"陆空联运模式，开展航空中转集拼业务通关、空铁联程联运试点和空铁公运输体系一体化建设试点。（2）成都至伊斯坦布尔中欧班列是集铁路、水运、公路于一体的多式联运定制班列。避开繁忙的阿拉山口改由霍尔果斯出境，是为客户量身打造的线路，目前已经积累了多式联运的丰富经验。（3）成都—泸州铁水联运。2014年8月20日，成（都）乐（山）泸（州）铁水联运正式通行。泸州—成都青白江、新津铁水联运集装箱班列开通，开辟了一条新的国际大通道，即"上海—泸州—成都—欧洲"大通道。这一国际大通道与"上海—欧洲"原有的海运通道形成一个封闭的"圆"，极大优化了西部内陆腹地的物流环境。[①]（4）成都—眉山青龙物流园区实现公铁联运。（5）向南实现铁—海联运。未来应积极推进成昆铁路扩能改造、成贵客专等项目，依托泛亚铁路，对接孟中印缅经济走廊、中国—中南半岛经济走廊和西部陆海新通道，连接北部湾，形成铁水联运。

接下来，成都将完善青白江铁路口岸多式联运海关监管中心的功能。创新基于多式联运提单的金融模式，积极探索"银担联合""银保联合"等融资模式，推动具备物权性质的多式联运运输单证市场化推广，创新国际铁路多式联运贸易融资方式。开展货物"门到门"运输，逐步形成"一次委托、一口报价、一单到底、一票结算"的贸易机制。

第四节

建设国际通信枢纽

当今世界正处于信息技术革命飞速发展阶段，发达的信息技术和互

[①] 彭茂、欧俊兰：《"一带一路"背景下四川省多式联运体系构建》，《商业经济研究》2016年第3期，第210—211页。

联网将全球紧密连接在一起，突破了空间和时间的距离与屏障。当前世界处在历史性的数字转型期，各国都将发展信息技术摆在国家战略的重要位置，把互联网作为谋求竞争新优势的战略方向。

全球互联网产业创新不均衡，中美较为突出并领先。截至2018年5月，在全球20个市值最大的互联网公司中，中国占据9家，美国有11家；而在5年前，中国只有2家，美国有9家，可见中美竞争激烈。

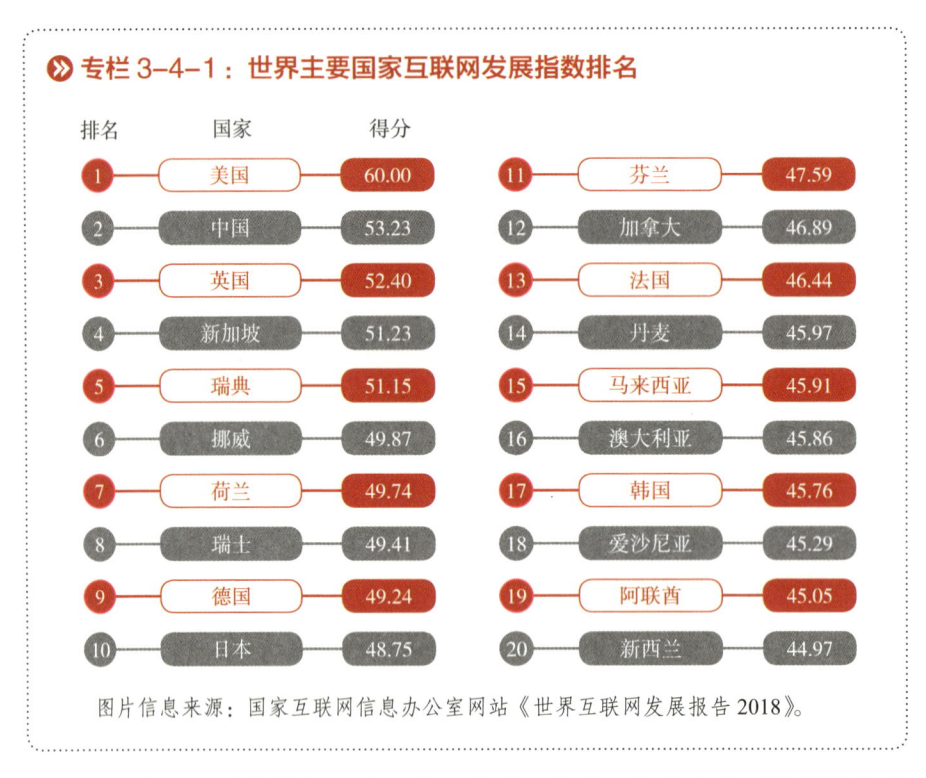

> **专栏3-4-1：世界主要国家互联网发展指数排名**
>
> | 排名 | 国家 | 得分 | 排名 | 国家 | 得分 |
> |---|---|---|---|---|---|
> | 1 | 美国 | 60.00 | 11 | 芬兰 | 47.59 |
> | 2 | 中国 | 53.23 | 12 | 加拿大 | 46.89 |
> | 3 | 英国 | 52.40 | 13 | 法国 | 46.44 |
> | 4 | 新加坡 | 51.23 | 14 | 丹麦 | 45.97 |
> | 5 | 瑞典 | 51.15 | 15 | 马来西亚 | 45.91 |
> | 6 | 挪威 | 49.87 | 16 | 澳大利亚 | 45.86 |
> | 7 | 荷兰 | 49.74 | 17 | 韩国 | 45.76 |
> | 8 | 瑞士 | 49.41 | 18 | 爱沙尼亚 | 45.29 |
> | 9 | 德国 | 49.24 | 19 | 阿联酋 | 45.05 |
> | 10 | 日本 | 48.75 | 20 | 新西兰 | 44.97 |
>
> 图片信息来源：国家互联网信息办公室网站《世界互联网发展报告2018》。

在迈向世界城市的发展进程中，人流、物流、资金流等要素持续集聚和增长，不断增强城市竞争力。而信息流则是另一大重要的资源要素，被誉为流通体系的神经。信息通畅在改变市民生活的同时，也推动着城市产业的发展。

2017年以来，成都市以习近平新时代中国特色社会主义思想为指导，把握网络信息技术革命的重大历史机遇，紧紧围绕建设国际性区域通信枢纽发展定位，持续推进信息基础设施建设，不断强化和提升成都作为国家通信网络交汇地、信息资源集散地、共享性信息通信设施重要布局地的地位，努力将成都打造成为全球领先的城市通信基础设施新高地。

一 提升国家通信网络交汇地位优势

中国各省区市2018年互联网发展指数TOP10排名中，四川省排名第8，四川在光纤宽带建设、互联网应用、网络安全等方面赶超趋势明显，成都市的全国通信网络交汇地位优势突出，据《2019年成都互联网发展状况报告》数据，到2019年成都市网民规模达1186万人，全市互联网普及率达71.6%，高于全国互联网普及率7.1个百分点。

专栏3-4-2：中国各省区2018年互联网发展指数TOP10

排名	地区	总分	基础设施建设指数	创新能力指数	数字经济发展指数	互联网应用指数	网络安全指数	网络管理指数
1	广东	62.03	7.63	13.30	13.31	22.06	1.06	4.67
2	北京	56.43	7.59	13.92	12.43	17.32	2.17	3.00
3	上海	52.72	6.79	8.95	10.42	22.11	1.90	2.55
4	浙江	51.92	6.38	10.06	8.80	21.60	0.79	5.01
5	江苏	50.59	6.55	12.52	9.82	15.97	1.67	4.06
6	山东	43.90	6.16	8.64	5.47	16.05	0.39	7.19
7	陕西	39.39	5.41	6.17	7.73	14.74	1.40	3.94
8	四川	37.26	5.82	5.70	5.24	13.54	1.55	5.41
9	福建	36.71	5.41	5.37	5.52	15.39	1.27	3.75
10	湖北	35.71	5.40	6.37	4.90	14.46	1.16	3.42

图片信息来源：国家互联网信息办公室网站《世界互联网发展报告2018》。

成都坚持以开放发展厚植新优势，聚焦贯通战略大通道，提升通达辐射力，立体大通道体系不断丰富，其中以成都为信息中心的国际性区域通信枢纽持续增强。最新的数据显示，2019年成都聚集互联网企业达3400余家，营业收入超过548.5亿元，其中营业收入超过2000万元的互联网企业超过400家。[①]2020年，西部首个超算中心——成都超算中心建成投运，最高运算速度达到10亿亿次/秒，进入全球前十位。

（一）互联网承载和汇聚能力持续提升

成都作为全国骨干网核心节点之一，中国电信、中国移动和中国联通等互联互通单位均在成都实现直联，截至2020年底，成都国家级互联网骨干直联点主要互联单位带宽已达到770Gbps，较"十二五"末期增长近8.3倍，位居西南地区首位，快速疏通网间流量、改善网间通信质量、促进电子信息产业集聚的作用日益明显。截至2020年底，成都市城域网出口总带宽达到22T，较"十二五"末期出口总带宽数增长610%，处于国内城市领先水平，具有较高的业务承载能力。根服务器是互联网重要的战略基础设施，"十三五"时期，成都市承接部署了中国地区IPv6主根服务器下的1台辅根服务器，实现了"零"突破。此外，成都作为全国工业互联网标识解析节点之一，持续推进国家工业互联网标识解析（成都）节点在电子信息、家具等多个领域应用，标识注册突破5亿条，位居全国前列。

（二）建成国际领先的信息基础设施，实现多个全覆盖

目前，成都市已建成国际领先的光纤宽带网络，具备全面提供千兆光网接入能力；对标先进城市，加速推进5G独立组网（SA组网）规模部署，截至2020年底，累计建成5G基站达3万余个，实现四环路（绕城高速）范围内5G室外信号连续覆盖，全市重点商圈、重要景区、郊区市县城区、先进制造业产业功能区实现功能性覆盖；加速升级基站设备，打通全域物联网覆盖能力，开通具备NB-IoT服务能力基站数超8000个，为物联网应用发展奠定坚实基础；完成电信普遍服务试点任务，实现行政村光网通达率100%，4G网络全覆盖。

---

① 《从人流、物流、资金流和信息流四个维度看成都——流光溢彩》，《成都日报》2021年5月28日。

（三）国际互联网访问性能进一步改善，实现国际数据一站直达

成都市围绕国际性区域通信枢纽建设，积极优化国际互联网连接，支持电信企业加快国际互联网业务发展，着力打造"一带一路"重要信息通信节点。"十三五"时期，国际互联网数据专用通道已扩容至40Gbps，通过国际互联网数据专用通道访问国外资源，网络延迟及抖动相比传统方式明显下降，有力支持国际互联网业务发展，超53%在蓉外资企业已办理国际直达业务，承载诺基亚、飞利浦、腾讯等1500余家企业的国际直达业务。

（四）建成全国重要的数据资源聚集地

成都作为西部地区重要的数据中心聚集地，大力推进数据中心建设。四川移动中国（西部）云计算中心、珉田数字产业园一期等重大项目竣工投产；中国联通四川天府信息中心数据中心二期项目、万国数据（成都）数据中心三期等重大项目加快建设。截至2020年底，基础电信企业在我市已建成数据中心18个，机架总量超过1.5万架，有力助推成都市产业智能化、网络化、数字化转型升级。

成都市大数据中心作为数字政府的重要载体，正在构建智能化城市运行指挥和服务体系，围绕建设城市"智慧大脑"，打造城市服务中心、城市治理中心和应急指挥中心的总体定位，开展建设实现运营管理信息资源的全面整合和共享、业务应用的智能协同。成都市大数据中心承担建设的"成都市公共数据资源体系"被评为2020政府信息化管理创新奖。近年来，在成都市网络理政办领导下，中心坚持以"政务云"建设为抓手，以应用需求为导向，积极推进数据资源汇聚、共享开放，基本形成全市统一的公共数据资源体系。

> **专栏3-4-3："易华录成都数据湖项目"宣布开湖**
>
> 2020年6月18日，北京易华录信息技术股份有限公司"易华录成都数据湖项目"宣布开湖落地在金牛区，标志着四川首个城市数据湖

项目投入运行。成都数据湖项目将结合成都市北斗＋产业园运作模式，围绕数据湖基础设施的构建，包括大数据产业孵化器、加速器、产业研究院等配套设施，形成围绕数据湖的大数据产业园。数据湖产业园占地约6000平方米，计划总投资10亿元，拟构建约1000PB的数据湖存储规模。输出用于城市治理、产业升级和民生改善的各类算法和应用，通过数据资源的整合和数据要素的集聚，发挥城市数据湖支撑、引领和驱动作用，打造"一湖即建，百业俱兴"的数字经济新业态。易华录新品"葫芦APP3"于当日正式上线。据介绍，它能够为用户提供安全长久存储空间及丰富AI功能，可用于存放用户重要的文件材料和各类珍贵数据。易华录设定的发展目标是：力争把成都数据湖打造成提供数字转型、智能升级、融合创新服务，培育大数据应用和人工智能产业的重要载体，打造立足金牛区、覆盖成都市、辐射四川省的新一代数字经济基础设施。

资料与图片来源：红星新闻报道，https://www.sohu.com/a/402717767_116237。

二 构筑信息共享平台和应用场景

信息要素重在交换共享。在信息时代，智慧城市管理让人们感到城市越来越聪明，智慧生活将人们的衣、食、住、行、用、娱渐次织进一系列社会经济活动中。

让成都更聪明的"城市大脑"智慧应用场景已搭建成功，截至2019年11月，成都市网络理政中心已经接入市级部门业务系统225个，汇聚643类26亿多条数据资源，已形成34个智慧应用场景。成都市环保大脑、城管大脑、交通大脑、旅游大脑、卫生健康大脑等智慧应用场景已经运行。2019年9月27日，成都市三季度重点项目竞进拉练暨第四次协调调度会议上，在市网络理政中心采用现场视频连线在线督查的方式进行。仅用1小时就完成了39个重点项目的督查。

在消费端，各种应用场景层出不穷：无人机快递平台、人工智能诊疗系统、无人化超市终端、虚拟现实智慧教室、智慧旅游等，从活力无限的网上购物到蓬勃发展的大数据产业，从随处可见的移动支付到"一扫即达"的共享出行屡见不鲜。[①]

畅通的信息，在改变和提升市民生活品质的同时，也推动着城市的相关产业快速发展。成都互联网与传统产业的融合发展逐渐深化。"互联网+"涉及的医疗健康、物流、教育、金融、旅游等领域企业2019年实现营业收入83.7亿元。互联网深度赋能传统行业，持续帮助企业转型升级发展，2019年成都有5家企业入选独角兽企业。[②]

> **专栏3-4-4：西部最强大脑 成都超算中心**
>
> 在天府新区兴隆湖东南2公里处，矗立着一座大型蓝色立方体建

[①]《数字中国建设成果显著 智能化生活"飞入寻常百姓家"》，新华社官方账号，2019年5月4日。

[②]《2019年成都市互联网发展状况报告》。

筑，这是成都超算中心所在地，天府新区人亲切地称它为"硅立方"。成都超算中心于2020年投运，最高运算速度达到10亿亿次/秒，进入全球前十。

中心总投资约25亿元，总建筑面积约6万平方米，按照300P（30亿亿次/秒）峰值性能进行总体规划，一期完成建设峰值性能170P，应用领域涵盖航空航天、电子信息、生物医药、装备制造、先进材料、能源化工等方面。"目前超算中心只用了整体空间的两层半，还有两层楼体是为未来提升'算力'预留的空间。"

"算天、算地、算人"，超算技术深入百姓生活。目前成都超算中心已经和200多家单位、机构建立了合作，已为用户提供计算资源、软件开发、人才培养和引进、重大科研项目、计算产业化推广五大类服务，累计完成了152万个科研课题作业的计算，CPU计算利用率已达30%。

例如，第31届世界大学生夏季运动会即将在成都开幕，目前成都气象部门已与成都超算中心达成合作，由成都超算中心提供超强算力，用以提高成都天气预报的精准度，将目前气象预测网格的空间分辨率从9×9公里提升到1×1公里，从每6小时一报的频率缩短到每1小时一报，提升天气预报的准确性和及时性。

资料来源：四川在线，2021年3月2日。

三 打造信息资源配置中心和数字经济高地

数字经济是以数字化的知识和信息为关键生产要素的新型经济形态。数字技术与实体经济融合，加速了资源要素流动，扩展了经济发展新的空间，促进了全要素生产率提升和经济可持续发展，成为新经济的动力来源。人类正在进入数字经济时代，数据成为重要的生产要素，信息资源日益成为重要的生产要素和社会财富，信息掌握的多寡、信息能力的强弱成为衡量城市竞争力的重要标志。

2018年3月，成都市经信委、市发改委、市科技局、市新经济委、市大数据和电子政务办等部门联合印发了《成都市推进数字经济发展实施方案》和《成都市推进智能经济发展实施方案》(以下简称《方案》)，以加强推进数字经济和智能经济发展和技术的广泛应用，两个《方案》的出台，标志着成都将在这两个领域多举措发力，培育催生新的经济增长点，奋力促进产业转型、消费升级和民生改善。基于成都资源禀赋、产业基础和发展规划，成都市聚焦信息技术产业三大重要领域：新一代信息技术基础领域、信息技术软件领域、信息技术硬件领域；13个重点方向：IPv6、5G、数字终端、大数据、云计算、物联网、移动互联网、人工智能、网络信息安全、集成电路、新型显示、传感控制、智能硬件，推进数字经济重点产业加快发展。《方案》明确，到2022年，成都数字经济重点领域产业规模将超过3000亿元。成都市将围绕推进数字经济和智能经济可持续发展，重点实施载体建设、创新发展、企业培育、人才建设四大工程。实现这一目标的底气，来自成都市数字经济的强大实力和特色优势，可以从以下几方面得以体现。[①]

（一）卫星互联，加入"空、天、地"全球竞速

据2020年11月举行的中国卫星导航年会披露的数据，"四川造"北斗终端在全国市场的占有率达到了40%，四川研制了北斗三号30颗卫星中的10颗卫星载荷，提供了星间链路通信、北斗授时、北斗芯片、北斗终端等一系列配套产品。此外，四川还衍生出了一批基于卫星导航的社会综合管理、应急救援、生态环境监测、车辆调度管理等应用平台。成都率先将卫星互联网纳入新基建范围，数字经济发展有了坚实的底座，而以国星宇航为代表的商业卫星互联网公司正发光发热。国星宇航主导建设的"星河"智能卫星互联网工程进展顺利，成功研制并发射9颗AI卫星；其参与研制的全球首颗6G试验卫星"电子科技大学号"成功发射，开启太

---

① 四川观察——封面新闻，https://www.sohu.com/a/462863055_120214231。

赫兹通信在空间应用场景下的全球首次技术验证。实现 AI 卫星数据"多、快、好",卫星 AI 全直播"空、天、地",四川将"卫星互联网建设"屡次纳入行动方案,除了带动社会公众、产业界、投资人提高针对行业的认知度、关注度和参与度以外,也将进一步加快四川数字经济信息化建设的步伐。

(二)数字治理,网络安全从幕后走向台前

防患于未然,减少公共灾害事故发生,数字治理在其中发挥着重要作用。四川数字治理体系网络架构持续优化,"天府通办"政务服务 App 注册用户超过 3000 万人,省级"最多跑一次"事项达 99.7%,网格化服务管理系统实现全覆盖。2021 年初,以四川省林草局、华为公司、数字大熊猫公司为主研发的即报系统 App 上线,围绕数字治理打造的数字经济生态圈推动区域协调发展,四川正用数字技术的力量实现"绿水青山就是金山银山"。

有发展速度,也有发展底气。大到工业制造,小到支付扫码,有互联网覆盖的生活角落,都与网络安全相关。作为数字治理中重要的部分,近年来,网络安全相关企业将研发中心或西部总部布局在成都,通过政企精准合作,网络安全产业从幕后走向台前,创业者们通过数字技术"向网络犯罪开炮",架起安全防线。发展近四年的无糖信息,就是一个专注于打击电信诈骗、网络诈骗、贷款诈骗等领域的新兴企业,通过落地产品和服务,可以协助执法部门第一时间掌握犯罪平台的模式、资金规模、涉案人员。

"最高 2000 万元补贴,重点围绕工控安全、大数据安全、云计算安全、区块链安全等领域,打造国家重大战略平台。"2020 年 12 月,成都发布《成都市加快网络信息安全产业高质量发展的若干政策》,从人才培养、技术创新、产业服务等扶持政策来看,力度很大,表明了成都发展网络安全产业的决心。

（三）电竞力量，数字产业化高地崛起

与电竞结缘，成都是国内较早的城市之一。为数字经济发展注入"电竞力量"，成都谋时而动。

2021年2月28日发布的《2020四川省电子竞技产业报告》显示，2020年四川电子竞技产业规模达到218亿元，与2019年相比增长21.1%。5G设施的铺开、VR设备技术的不断发展也为游戏研发、赛事开展、电竞直播带来全新的体验，为四川电竞的发展创造更多的可能性。据统计，每年在成都举行的电竞比赛数量达到400项左右，LPL的OMG战队、KPL的AG超玩会等大量职业电竞俱乐部也落户成都。

流行于全国甚至全球的"网红"游戏王者荣耀，就是从成都走出去的，它曾经带动了电竞狂欢，也成为数字产业化发展新的风向标。王者荣耀执行制作人、腾讯天美L1工作室总经理黄蓝枭曾在接受记者采访时表示，[①]王者荣耀中的英雄控制AI技术，可以应用到如智慧物流、智慧交通、车路协同、车车协同、无人驾驶中去，有望用于社会治理和产业升级。如今，从单点突破到产业聚集，电竞早已不只是游戏，它是年轻人生活方式的一道微光，更为数字经济发展"插上翅膀"。

> ▶ **专栏3-4-5：成都市推进电竞产业的发展**
>
> 2020年5月，为推动成都市电竞产业高质量发展，抢抓电竞产业发展机遇，成都市人民政府办公厅正式印发《关于推进"电竞+"产业发展的实施意见》。以聚集电竞产业要素资源、完善电竞产业生态布局、推动"电竞+"融合发展、营造电竞特色文化为重点，深入挖掘电竞市场价值，促进"电竞+"产业品牌化、国际化、规范化、融合化发展。

[①] 川观新闻，https://baijiahao.baidu.com/s?id=1696464098637289621&wfr=spider&for=pc。

（1）产品。上线满一年并具有较大影响力的游戏产品，根据下载量、用户活跃度、衍生赛事规模等条件，一次性给予不超过200万元资金奖励。对以电竞内容为主的动漫、影视、网络作品，根据播出时长、票房、发行量、浏览量等，给予不超过100万元的奖励。

（2）企业。在成都注册后两年内即实现对成都的贡献程度超过500万元、1000万元的电竞软件企业，可分别一次性给予最高100万元、300万元的奖励。对新迁入的上市电竞企业，一次性给予350万元的奖励。

（3）赛事。对落户成都的国际知名电竞赛事，可给予每次不超过800万元的办赛补助。对成都自主培育、市场价值大、发展前景好、有国际影响力的品牌赛事，可给予每次不超过500万元的办赛补助。

第四章

补齐开放功能短板：从辐射西部到经略全球

  国际消费中心城市是全球化持续发展、全球消费市场一体化的产物，是具有丰富消费内容、高端消费品牌、多样消费方式、优越消费环境，能够吸引全球消费者的高度繁荣的消费市场、配置全球消费资源的枢纽中心以及引领全球消费发展的创新高地[1]。成都作为我国西部地区重要的中心城市，是具有重要引领作用的国家中心城市和"一带一路"建设的开放前沿，不仅在国内具有强大消费聚集能力，而且也是全球最具增长潜力的消费城市。自2019年12月召开建设国际消费中心城市大会以来，成都全面落实中央、省关于完善促进消费体制机制系列重大部署，积极融入"双循环"，围绕"成都创造、成都服务、成都生活"三大消费品牌，加快打造国际消费创新创造中心、国际消费服务中心、国际消费文化中心、国际消费资源配置中心和国际消费品质中心，不断强化国际消费中心城市极核功能，持续巩固西部消费中心、西南生活中心地位。

---

  [1] 王微：《抓住优势 立足共识 探索国际消费中心城市建设成都新路》，《先锋》2020年第1期，第44—46页。

第一节

培育新消费产业

近几年,成都通过策划举办全国新消费发展论坛、新国货博览会,发布中国新消费榜单、新物种爆炸榜单等,积极拓展"成都造"新产品新服务应用推广通道,通过提升服务消费、增强数字消费、培育新兴消费等,不断提升成都新型消费在全国的话语权,加快形成成都新消费风向标。

一 提升服务消费

国际消费中心城市的发展不是以单一行业为支撑的,而是商业、旅游、文化、体育、会展等诸多行业联动发展的有机整体,从而实现消费的规模效应和整体优势,[①]形成对消费特别是境外消费的足够吸引力。以近年来增长较快的服务消费为例,2017年成都在北京、广州、杭州、上海、深圳等样本城市中脱颖而出,服务消费升级指数位列第一,获评"年度推荐消费升级代表城市"。

(一)提升传统服务消费

从商贸行业看,成都依托四川农产品、食品、日用消费品的资源和产业优势,集聚省内外、国内外众多品牌企业,在《2017中国城市商业魅力排行榜》中表现突出,排名仅次于北京、上海、广州和深圳。从餐饮行业看,2019年成都餐饮业零售收入1123.9亿元,占成都市GDP总值的6.6%,同比增长24.9%,规模超过北京、上海,跃居全国第二。从旅游

---

① 刘涛、王微:《国际消费中心形成和发展的经验启示》,《中国经济时报》2017年3月23日第5版。

行业看，成都拥有"天府之国"的美誉，2019年成都旅游接待人次占全省的37.33%，入境游客人次、旅游外汇收入分别约占全省的91%、80%。据调查，依托城市综合体及购物中心，成都国外餐饮业连锁品牌占比为56.3%。

（二）丰富特色服务消费

从音乐行业来看，成都在2019年共开展音乐演出1640场，音乐演艺票房突破5亿元，电影票房收入突破18亿元，稳居全国第五位。从文体行业看，成都被誉为"中国文创第三城""中国动漫游戏第四城""中国电影第五城"，建立了五个各具特色的文化创意产业集聚区，形式多样的音乐活动、文化节会的开展，有力提升了成都的城市影响力。从康养行业看，截至2019年，成都医美机构已达407家，其中5A级医美机构达4家，是国内拥有5A级医美机构最多的城市。从会展行业看，成都已与全球十大展览公司开展了合作，西部博览城、天府会议中心已投入运营，成都举办国际重大活动与赛事数量上稳居中西部第一。

二 增强数字消费

在规模庞大的年轻消费群体的带动和影响下，成都具有鲜明的敢于尝新、超前消费的特点。此外，成都人消费休闲观念强，消费理念前卫，为新型服务业态蓬勃发展奠定了良好市场基础。近年来，成都商贸零售等消费性服务业顺应数字化发展趋势，积极创新业态和商业模式，促进了旅游体验、共享服务、绿色服务的发展。

（一）增强数字消费新概念

基于现代技术发展和消费方式变化而催生的新零售、AI公园、远程医疗、3D定制、VR交互娱乐、IOT智能家居、社交电商、共享单车等新型消费，已成为成都消费新热点。成都人工智能概念认知度和接受度位居全国第三，已建成全国首个 5G 示范街区，获评特色型信息消费示范城市、数字经济创新发展示范区、新一代人工智能示范区。全国网约车使用活跃度较高，以滴滴为例，2019 年成都夜间日均呼叫订单量排名全国第二，仅次于北京。与此同时，国内一大批消费新业态、新模式也纷纷亮相成都，果小美、盒马鲜生、超级物种等跨界零售品牌不断涌现。在城市治理方面，成都加快打造智慧大脑应用场景，2019 年深入开展数据大会战，成都市网络理政中心已接入市级部门业务系统 225 个，汇聚 643 类 26 亿多条数据资源，逐渐打通政府部门之间的数据壁垒，已初步建立第一批智慧应用场景 17 个，进一步降低企业的营商成本和创业成本，保障市民享受到更优质的公共服务。

（二）发展数字消费新模式

以"互联网 +"和智慧城市建设为导向，发展虚拟现实、增强现实、智能汽车、服务机器人等消费产品，创新发展网络消费、定制消费、智能消费等业态。一是创新发展电子商务。依托成都跨境电子商务综合试验区建设，积极培育跨境电子商务消费市场，支持成都本地企业在主要商圈开设跨境电子商务 O2O（线上线下）体验店，实现跨境电商保税线下自提模式。二是推动传统消费转型升级。引导实体零售企业不断调整和优化商品品类，增加中高端品质商品品种，满足消费升级需求。积极引入有吸引力、有触发性的新消费新体验，发展自有品牌，实行深度联营，向全渠道平台商、集成服务商、供应链服务商、定制化服务商等转型。三是创新公共服务供给方式。坚持"政府主导、企业主体、商业化逻辑"，通过股权投资等方式引入社会资本，拓宽公共服务多元化融资渠道，实施基本公共服务清单动态管理，根据人口结构、消费习性等精准匹配公共服务内容，促进供给与需求同步迭代、联动提升。①

---

① 范锐平：《加快建设中国特色消费型社会》，《学习时报》2019 年 6 月 12 日第 1 版。

（三）打造数字消费新场景

随着消费数字化转型趋势，成都全力打造全球电子商务营商环境标杆城市，着力推动电子商务平台企业做大做强，2019 年，成都实现网络交易额 25467.99 亿元，同比增长 9.5%；电子商务交易额首次突破 2 万亿元；网络零售实现 3641.9 亿元，同比增长 22.6%，居全国主要城市第六、中西部第一，占全国网络零售额比重 3.3%，较 2018 年同期提升 0.15 个百分点。当前线上线下融合进一步加快，电子商务深度影响人们的日常生活，不仅带来了更丰富的商品、更便利的服务和更舒适的体验，也孕育出一大批消费新场景。全球领先的新零售品牌纷纷布局成都，阿里巴巴、京东、苏宁等电商龙头企业相继在成都开设天猫小店、京东便利店、苏宁小店等社区便利店，盒马鲜生、超级物种、京东 7fresh 生鲜、苏鲜生在成都开店设点，新品川、缤纷魔方等本土新兴零售企业在社区设置无人零售店。截至 2019 年底，全市已开设新零售生鲜店 17 家、电商社区便利店千余家、社区无人零售超市（菜市）60 余个。[①]

三 培育新兴消费

2019 年以来，成都市围绕首店经济、夜间经济和绿道消费的创新发展，着力提升城市商业品牌力、影响力和辐射力，通过购物中心—品牌商—行业协会—智库—商业地产服务机构—多媒体矩阵—市区两级相关政府部门等相关各方多位一体共同参与，形成了较为友好、专业和完善的新消费产业生态圈，助推成都创建国际消费中心城市。

（一）大力发展首店经济

随着首店经济的快速发展，成都收获了越来越多国际品牌的关注，众

[①] 《奋进十年 成都电商厚积薄发乘风起》，《成都日报》2020 年 1 月 17 日第 8 版。

多品牌将西南首店、全国首店、全球旗舰店落户成都。2019年新落户成都的首店数量达到473家，同比增长136.5%，全球首店数量仅次于上海、北京，继续领跑新一线城市。从首店类型来看，全球首店6家，亚洲首店1家，全国首店50家，西部首店26家，西南首店97家，成都首店293家，举办各类国际新品首发首展首秀超过100余场次。从进驻品类来看，潮牌、箱包鞋类及设计师服装成为零售首店主要进驻品类，生活配套与休闲娱乐增加较快，新兴生活方式与休闲娱乐进驻明显，新零售体验店、数码及互联网线下店布局加速。从首店布局来看，成都远洋太古里首进品牌占据第一，成都国际金融中心位列第二。①

> **专栏 4-1-1：成都发展首店经济**
>
> 1. 建立健全首店经济发展制度
>
> 坚持以推动城市消费升级、构建未来竞争优势作为发展首店经济的出发点和落脚点。一是强化整体制度设计。印发《成都加快建设国际消费城市行动计划》，明确提出实施多元化消费品牌建设工程，支持国际知名品牌在蓉设立品牌首店。二是出台专项实施意见。深入学习考察北京、上海等城市的经验做法，制定出台了《关于加快发展城市首店和特色小店的实施意见》，提出以打造首店载体和促进平台为支撑，发展城市首店，彰显成都"国际范儿"。三是配套相关实施细则。在出台实施意见的基础上，创新推出"首店经济评价指南""高能级品牌（顶级／一线品牌）评价指南""新品首发评分细则"三项既有国际视野，同时突出成都特色的首店标准，促进成都首店经济各项评价体系的完善和优化，实现首店经济的多维度全程管理。
>
> 2. 创新首店经济发展动力机制
>
> 坚持将精准招引作为发展首店经济的关键环节，将新技术运用作

---

① 范瑞鸣：《去年473家首店落户成都》，《四川日报》2020年1月9日第11版。

为发展首店经济的基础保障，将"以商招商"作为发展首店经济的重要抓手。一是积极搭建首店对接交流平台。创办一年一度的首店经济大会，累计吸引600余主流品牌、150余个商业项目交流对接，一百余个品牌现场签约。借助成都国际汽车展览会、成都创意设计周、新春欢乐购等高端消费平台，推动新品首发和品牌推广。二是积极建立决策支持体系。与中商数据合作，通过大数据分析、网络爬虫等技术及时掌握全市首店发展态势，为工作决策提供数据支撑。三是有效激发市场主体活力。支持商业综合体和街区运营管理机构积极招引品牌首店，对成功引进高端商业品牌开设首店的企业给予奖励，对当年引进发展品牌首店达到一定数量、促进首店发展有突出贡献的企业给予授牌表扬和宣传推广支持，有效撬动市场力量，推动首店经济发展。

3. **持续优化首店经济发展环境**

坚持以优良的营商环境保障首店经济发展，促进品牌首店进得来、留得住、经营得好。一是实施"审慎包容"监管。加强事中事后监管，对不影响市容秩序、不妨碍交通并有摆位条件的咖啡馆、酒吧、轻食餐厅等零售企业，适度放宽"外摆位""跨门经营"。二是开启服务"绿色通道"。对品牌首店入驻和开业、特色小店开启"绿色通道"，缩短改造进程中所涉及的行政审批事项办理时限，加快开业进程。三是提供新品发布活动便利。优化新品展示发布活动涉及的审核流程，最大限度精简申请材料、缩短审批时限、强化协作配合，切实提高管理服务水平。

（二）大力发展夜间经济

夜间经济是现代城市经济的重要组成部分，是促消费、稳就业的重要载体，数据显示，2020年五一小长假，全国夜间消费金额占全天的29.92%，但成都的夜间消费占比已经超过50%。2019年全国不夜城综合评分，成都以90.29分位居第三，与澳门、重庆同处第一梯队，发展速度全国领先，其中成都宽窄巷子上榜"夜间游客喜爱的十大历史文化、商业街区及网红步行街"；四川博物院上榜"夜间游客喜爱的十大文化场馆"；"夜间游客喜爱的十大品牌书店"中的方所、西西弗书店等，在成都均有开店。2020年，成都破除新冠肺炎疫情影响，继续上榜2020中国夜间经济二十强城市，位列全国三甲，仅次于北京和上海，超过了广州和杭州。同时，成都春熙路，一直都是网红打卡点位，在夜间经济的加持下更是进入"超长待机"模式。春熙路推出集市井精酿、音乐演艺、生活美学、艺术空间、美食市于一体的"春台市锦"，每天从下午1点营业至晚上12点，为"夜成都"又增加了一道亮眼的风景线。①

（三）大力发展绿道经济

如今，成都市聚焦公园城市建设，把天府绿道作为生态优先、绿色发展的引领性工程，以"绿道+"模式推动"绿水青山"变为"金山银山"，积极探索"以道营城、以道兴业、以道怡人"的生态价值转化新路径。天府绿道集文化、休闲、娱乐多功能于一体，不仅营造了生活场景，也营造了消费场景与应用场景。在依托绿道体系布局的基础上，成都已陆续培育了乡村旅游、创意农业、体育健身、文化展示等特色产业，植入文旅体设施2525个，培育形成江家艺苑等绿道场景品牌68个。随着成都绿道基础设施的日趋完善，绿道经济已逐渐成为带动旅游发展的新引擎，成为旅游消费的新场景：②三环路熊猫绿道以"熊猫+文化"为主题，打造中国最大的露天熊猫文化博物馆，是全国首条主题绿道，聚集海陆空熊猫雕塑、熊猫夜光跑道等熊猫元素；沸腾小镇充分结合木屋、园林等形式，以"熊猫+火锅"为主题，展示成都天府文化魅力、美食之都美誉的"天下火锅第一镇"。

---

① 王嘉：《中国夜间经济　成都位居第三》，《成都日报》2020年10月29日第6版。
② 王辉：《绿道　激活城市发展新活力》，《中国体育报》2020年8月27日第7版。

第二节

打造消费新场景

成都是西南消费中心，近年来采取多项举措构建和升级多元化、便利化的消费新场景，既保持成都本土文化和生活特色，又引入新的消费模式落地并引导传统商业模式升级，大大增强了消费吸引力，满足了群众多层次消费需求与体验。

一 消费场景的概念及目标

（一）基本概念

消费场景是由舒适物系统集合而成，承载可感可及的消费体验和美学意义，具有价值导向、文化风格、行为符号的消费空间。消费场景给予了城市生活独特体验和情感共鸣，体现了城市整体消费文化风格和美学特征。舒适物是能够使消费者感受到舒适、愉悦和快乐，以及能够提高人们生活质量的所有事物。舒适物主要分为自然舒适物、文化舒适物和社会舒适物三类。其中，自然舒适物是指自然生态类舒适物，例如气候、温度、湿度、水资源以及自然景观等；文化舒适物是指具有较强消费属性的舒适物，例如地标性商业中心、博物馆、图书馆等；社会舒适物是指由政府或社会提供的具有较强公共属性的舒适物，例如公共体育馆、医院、社区日间照料中心等。[①]

（二）目标定位

以满足人民美好生活需求为逻辑起点，以促进形成强大国内市场为

---

① 资料来源：《公园城市消费场景建设导则（试行）》。

主线，在国内国际双循环发展新格局中持续增强消费服务竞争力，培育品质化与大众化共生、创新性与传承性融合、快节奏与慢生活兼容的消费场景，创新消费供给，吸聚消费流量，促进文化互鉴，提升城市品质。

——创造美好生活引力场。建设可阅读传播可欣赏易参与的消费场景，多维多彩表达成都生活方式感召力和吸引力，将城市发展具化为可感可及可参与的美好体验，让市民和游客沉浸在各取所需、各得其所的个性化消费满足中，增进消费者获得感。

——构造公园城市美空间。强化消费场景的形象识别，营造人与自然共生、情景交融互动的社群空间。将街区故里、商圈 TOD、公园绿道、川西林盘、雪山户外等人与人和谐相处的生活空间，按照人群细分和消费偏好打造满足消费者多元需求的主题场景，彰显新时代人本空间美学和体现中国特色、时代特征、城市特质的天府文化魅力。

——建造品质品牌活力区。持续改进商业环境，培育引进与国际同频的潮流商品供应链和服务消费品集群，推动全球企业、品牌和客群加速向场景载体聚集，显著增进城市作为消费枢纽的作用，推动消费场景经济、文化、生态和社会价值的综合转化。

——打造新型消费策源地。构建创新引领的消费供给新赛道，成长一批技术创新、产品创新、模式创新、服务创新的头部企业，推动消费场景成为消费新业态创生地、消费新平台集聚区、消费新生态试验田和国际消费目的地。

二 成都打造八大消费场景[①]

自 2019 年成都市召开建设国际消费中心城市大会以来，为进一步实现消费日益增长，成都提出塑造满足人民美好生活需要的八大消费场景，

---

① 李艳玲、刘金陈、孟浩：《8 大消费场景"蓉"入美好生活》，《成都日报》2019 年 12 月 17 日第 4 版。

构建促进消费的生态体系：地标商圈潮购场景、特色街区雅集场景、熊猫野趣度假场景、公园生态游憩场景、体育健康动脉场景、文艺风尚品鉴场景、社区邻里生活场景、未来时光沉浸场景。

（一）地标商圈潮购场景

成都重点建设提升春熙路时尚活力商圈、交子公园商圈等世界级、都市级商圈，加快建设奥体公园、空港新城、西博城、天府总部商务区商圈等功能错位的区域级商圈。以重点商圈为载体，发展品牌首店、国际新品首发、时尚秀展、都市娱乐、品牌餐厅、主题乐园等业态，在跨境电商体验店、高端定制店、跨界融合店等最新最酷潮流店中感受"成都购物"，零时差把握国际时尚脉络，引领潮流风向标。

（二）特色街区雅集场景

成都重点建设宽窄巷子、锦里、寻香道等天府锦城"八街九坊十景"传统历史文化特色街，音乐坊等时尚文化特色街，香香巷等休闲美食特色街，大川巷等公园闲逸特色街区。发展文化创意、休闲娱乐、美食品鉴、沉浸购物等业态，在体现天府文化基因和成都城市肌理的街坊里巷中穿越城市历史，在原汁原味、慢条斯理的特色小店中感受城市温度，品味市井烟火成都"慢生活"。

（三）熊猫野趣度假场景

成都重点建设成都大熊猫繁育研究基地、熊猫家园，加快推进熊猫文创演艺博览小镇、主题酒店聚集区、精品植物博览园、农业农庄景观区等熊猫文旅项目建设。发展熊猫科研繁育、科普教育、高端生态旅游、IP 舞台剧、影视传媒、动漫游戏、文创设计等衍生业态，打造人与动物、自然与城市和谐共生的生命共同体典范，为全球熊猫爱好者打造多角度聆听熊猫故事、全方位感受天府熊猫文化的国际休闲度假旅游目的地。

（四）公园生态游憩场景

成都重点打造锦江公园、龙泉山城市森林公园、龙门山自然生态公园等示范公园，加快推进天府绿道建设，重现"岷江水润、茂林修竹、美田弥望、蜀风雅韵"的锦绣画卷。以公园、绿道网络为载体，发展运动健身、亲子互动、公共艺术、户外游憩、微度假、花卉园艺、休闲餐饮等业态，在"公园+""绿道+"场景中欣赏大自然、体验闲适快乐、增进社会交流，感受蜀都味、国际范的公园城市生活魅力。

（五）体育健康动脉场景

成都重点建设天府奥体公园、东安湖体育公园、凤凰山体育公园等赛事场馆，加快推进成都天府国际生物城、成都国际医美健康城等医疗康养项目，持续建设成都海泉湾运动休闲温泉度假区等体育旅游休闲载体，打造多维度专业性功能性消费中心。发展品牌赛事、电子竞技、运动旅游、康养度假、医疗美容等体育创新融合业态，让人民群众在体育健身活动和专业化"医疗+"服务中放慢生活节奏、调养身心，满足全人群、全过程、全周期的生命质量需要。

（六）文艺风尚品鉴场景

成都重点打造成都金沙演艺综合体、成都城市音乐厅等音乐演艺场馆，成都博物馆、成都自然博物馆等博览鉴赏地，成都图书馆新馆、成都市文化馆新馆等公共文化空间，营造品牌书店、独立书店、咖啡馆等多元立体的创意文艺空间。以天府文化为魂、生活美学为韵，发展艺术品交易拍卖、国际友城文化交流、沉浸式戏剧话剧、原创音乐孵化、全时书店等业态，让市民在文艺鉴赏中接受美学熏陶，静心感受生活之美，追求高格调审美的有品生活，促进人的自由全面发展。

（七）社区邻里生活场景

成都重点打造桐梓林社区、大慈寺社区等国际化社区，和美社区、望平社区、新桥社区等示范社区，加快建设一批"天府之家"社区综合体、社区邻里中心。完善社区婴幼儿照护设施、卫生服务中心、养老服务站、共享停车位等基础设施，发展缝补维修、简餐早点、生鲜超市等基本生活服务，托育服务、老年康养、社区关怀、生活美化等教育成长服务，无人货柜、智能安防、智慧物业等新型智慧服务，在"家门口"享受功能完善、专业高效、活力彰显的高品质和谐宜居生活。

（八）未来时光沉浸场景

成都重点推进成都 AI 创新中心、成都数字文化产业园、新川创新科技园等项目建设，加快打造太古里等 5G 示范街区。发展主题购物中心、VRAR 交互娱乐、4K/8K 超高清沉浸式影院、全景 3D 球幕、5G 超高清赛场、数字光影艺术展、智能服务机器人等数字经济创新服务和产品，以充满科技感和未来感的互动艺术装置营造超现实体验空间，在黑科技驱动下丰富现实感知，拓展虚拟世界，感受全新未来生活。

第三节
建设国际消费载体

具有全球影响力和美誉度的标志性商圈，是国际消费中心城市的主要标志，也是代表世界消费发展趋势的风向标。为此，成都以重点商圈为载体，在规划、完善基础设施、保护商业街区、宣传等方面重点突破，极大优化了核心商圈的发展环境，吸引来自世界各地的消费者和经营者，不断推高商圈的发展能级，促进各类消费性服务业的集聚发展，使之成为国际消费中心城市发展的核心和龙头。

一 建设一批差异化商圈

成都以重点商圈为载体，发展品牌首店、时尚秀展、主题乐园等业态，在最新最酷最潮流店中感受"成都购物"，精准把握国际时尚新潮。随着城市经济发展和城市空间拓展，商圈格局由以传统五城区为主的单一集中发展格局逐渐向多点多区域布局，目前成都已形成和正在规划的商圈共42个。

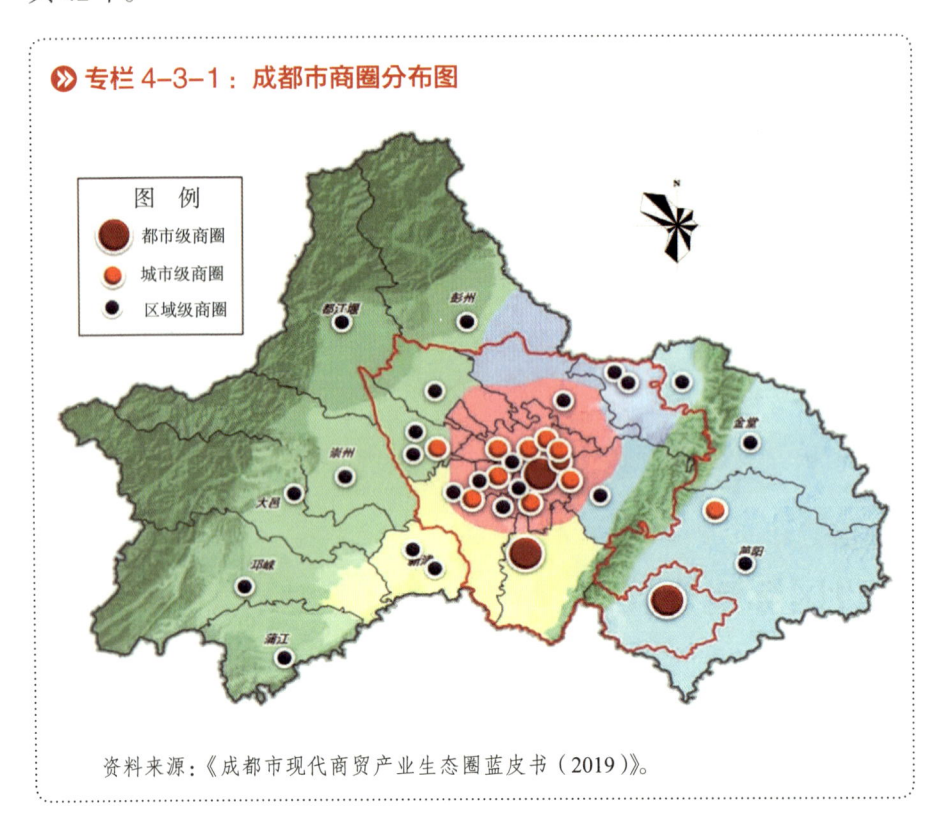

> **专栏 4-3-1：成都市商圈分布图**
>
> 资料来源：《成都市现代商贸产业生态圈蓝皮书（2019）》。

（一）世界级商圈

——春熙路时尚活力商圈。随着成都远洋太古里、成都 IFS 等多个大型商业综合体落成，春熙路商圈从夜市、传统商业体，转变成以高端、时尚为特色的国际化商圈。根据相关统计，春熙路商圈日均客流人次超60万，节假日平均客流达100多万，年均客流量上亿人次。从2019年成都市购物中心排名来看，春熙路商圈的远洋太古里和IFS引领作用突出，2019年销售收入均为70亿元左右，均位于全国购物中心排名前十。"首店经济"是成都建设国际消费中心城市打出的一张王牌。仅2019年，成都IFS就引入了首店40家，成都远洋太古里引进首店37家，成为成都首店最为青睐的开业标选之地。

——交子公园商圈。交子公园商圈规划定位为世界知名的公园式商圈，整体规划建设凸显未来感、年轻化、生态化。商圈内开发和在建的综合体包括仁和新城、悠方、银泰in99、奥克斯等，主要服务人群为区域20万高端常住人群和商务精英人士。2019年，悠方购物中心吸引首店仅次于太古里和IFS，位列第三。交子公园商圈结合了夜间、公园、街道、购物中心、新经济五大类消费场景，规划形成"5大商业街区+8条特色街+10个购物中心"的商圈总体布局，打造消费引领、国际时尚的商业形态，营造多维客群、全时活力的消费场景。

（二）都市级商圈

——西部国际博览城商圈。西部国际博览城商圈位于天府总部商务区核心区，规划建设面积约8.5平方千米。遵循"人城产"发展逻辑，按照"一心两核，一带连多片"的"泛商圈"规划布局，以天府公园为中心，西博城片区和总部基地片区为两核，以鹿溪河—锦江生态带联动核外麓湖水镇等多个片区，打造辐射全国，并具有一定全球影响力的都市级消费中心，力争用8—15年时间达成"成都城市会客厅，国际消费新中心"的发展目标。目前，西部国际博览城商圈已引进天府大悦城、招商蛇口商业综合体等高端商业项目22个，规划商业建筑面积约126万平方米。西部国际博览城商圈已引进酒店项目21个，包括凯悦、安达仕、万豪等国际知名品牌酒店。①

——空港新城商圈。双流空港新城商圈地处全国第四大航空枢纽的双流，区域完善成熟的商业综合体和购物中心有双流时代奥特莱斯、海滨城、城南优品道广场等。双流时代奥特莱斯自入驻以来逐渐成为成都时尚消费新标杆，进驻国际品牌直销店超过250家，包括国际知名品牌：Aquascutum、BCBG、CANALI、CERRUTI1881、D&G、Coach、GIEVES&HAWKES、GIVENCHY、KENT & CURWEN、MaxMara。2019年完成销售业绩31亿元，蝉联中西部奥特莱斯业绩第一。

——蓉北商圈。蓉北商圈是高起点策划打造北城唯一面向未来的都市商圈。目前处于前期策划阶段，初步设想是依托成都站铁路枢纽和荷花池千亿级消费市场，以成都站组团为核心、以人民北路为轴线、以水系绿地为本底，联动中央公园、荷花池、五块石、双水碾功能组团，形成"一魂、一轴、一环、四片"的空间布局。商圈突出"成渝地区第一商业门户"的总体要求，以"商贸门户·立体公园"为总体定位，以"国际领先的枢纽型都市商圈"为总体目标，打造国际采买核心枢纽、全域旅游集散总部、跨界商业创新引擎、双城青年互娱空间、片区更新示范样本。

二 打造一批特色商业街

特色商业街区是体现成都厚重历史文化和独特商业魅力的亮丽名片，是传承天府文化、创新商业业态、文旅商融合发展的重要商业载体，主要面向全市居民、外来游客人群提供服务。成都面向全市将差异化改造打造63条特色街区，其中宽窄巷子被评为首批全国示范步行街，太古里、锦里等正加快提升打造高品位步行街。新打造一批包括铁像寺水街、文殊坊、东郊记忆等全国知名的天府文化特色商业街。

---

① 李艳玲：《这个成都"未来时"商圈上海圈粉》，《成都日报》2020年6月24日第5版。

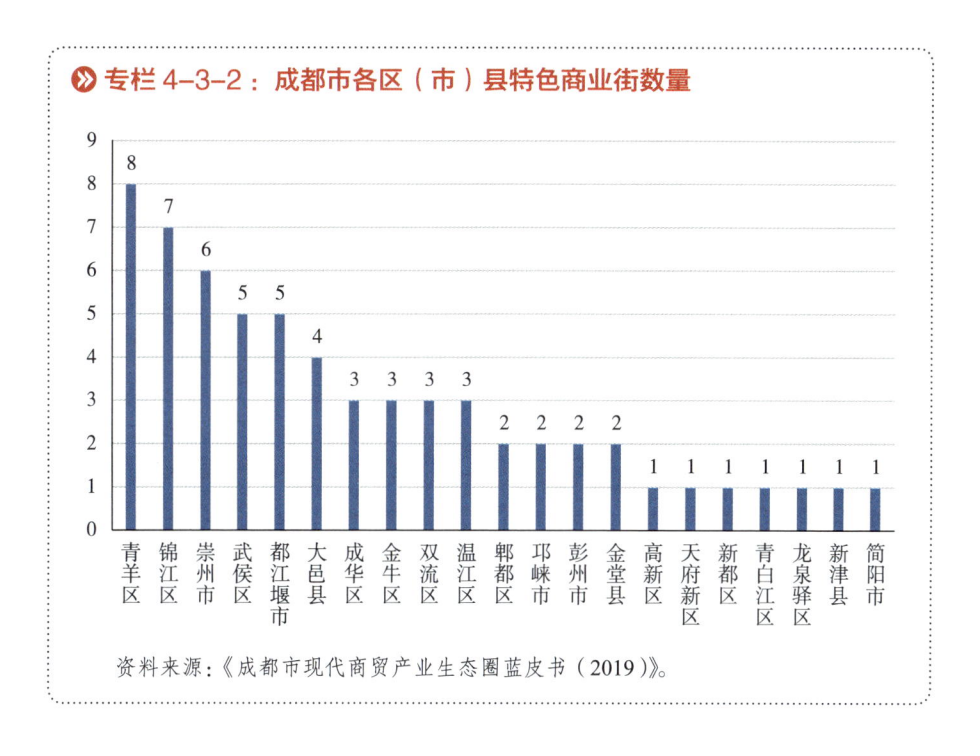

> **专栏 4-3-2：成都市各区（市）县特色商业街数量**

青羊区	8
锦江区	7
崇州市	6
武侯区	5
都江堰市	5
大邑县	4
成华区	3
金牛区	3
双流区	3
温江区	3
郫都区	2
邛崃市	2
彭州市	2
金堂县	2
高新区	1
天府新区	1
新都区	1
青白江区	1
龙泉驿区	1
新津县	1
简阳市	1

资料来源：《成都市现代商贸产业生态圈蓝皮书（2019）》。

（一）宽窄巷子

宽窄巷子是老成都"千年少城"城市格局和百年原真建筑的最后遗存，也是北方胡同建筑在中国南方的孤本。自 2018 年 2 月被商务部纳入全国 11 条步行街提升改造试点以来，宽窄巷子新增步行街长度 1280 米，总长度增加到 2880 米。根据《2019 年阿里巴巴步行街经济报告》，从 2018 年 10 月至 2019 年 10 月，全国 11 条试点步行街新消费蓬勃，线下消费金额同比增长 36.7%，总客流 10 月同比增长 23.3%，并呈现出年轻人增多、夜间消费更活跃等积极趋势。其中，宽窄巷子成为最具年轻力的街区，年轻客流占比位居第一。

（二）锦里

锦里是西蜀历史上最古老、最具有商业气息的街道之一，早在秦汉、三国时期便闻名全国。今天的锦里依托成都武侯祠，以秦汉、三国精神为灵魂，明、清风貌作为外表，川西民风、民俗作为内容，扩大了三国文化的外延。目前，锦里的整体业态中，餐饮占比最高，达56%；其次是购物、休闲娱乐及其他业态，分别占比18%、16%和10%。锦里年平均接待观众约1000万人次，且呈逐年递增趋势。

（三）镋钯街

镋钯街是成都一条百年老街，邻近春熙路商圈，作为老成都人独特的记忆，原镋钯街在2011年开始精品化城区打造，有机嵌入民国风建筑、青年文创小店等特色元素，成为新的"网红打卡地"，被英国权威旅游指南杂志 *Time Out* 官网刊文评选为"全球最酷50城市街区"之一。作为太古里的延伸经济带，街区拥有成都的第一个24小时书店——格调书店，也有文艺范儿十足的崇德里等人文、历史建筑和街道两侧鳞次栉比的特色餐饮，营造出一种古老与现代交融的和谐氛围。

（四）东郊记忆

东郊记忆被称为"中国的伦敦西区"，是国家音乐产业基地、国家4A级旅游景区、科技与文化融合示范园区、国家工业遗产旅游基地名单，景区集商务办公、演艺与展览、音乐培训、音乐主题零售、酒吧娱乐、文化餐饮、设计酒店等多种功能于一体，每年入园游客达500万人次。2019年，园区举办多场首秀活动，包括"GAME ON 绽放"数字艺术展、"达芬奇IN成都"全球光影艺术体验大展等。

第五章

构建产业开放生态：从承接跟随到创新引领

在全球科技革命与产业变革持续深入、全球产业分工格局持续调整的背景下，前沿产业、领军企业都在快速切换中，城市竞争力水平也随之而快速演变、此消彼长。成都为保持城市特质、巩固比较优势、提升能级层次，充分发挥理念引领和首创精神，加快构建产业协作、创新协同、载体共建的经济形态，打造产业生态开放共同体，努力实现由跟跑承接到创新引领的角色转变，为新旧动能接续转换和城市加快转型注入强劲动力[①]。

[①] 李扬帆：《坚持以产业功能区为基本单元 确立城市发展的功能索引和空间图谱》，《先锋》2021年第4期。

第一节
营造全球开放产业共同体

自2017年7月以来,成都首次提出建设产业功能区,以产城融合发展理念统筹规划建设和功能布局,以有所为有所不为理念构建现代产业体系,以产业生态圈构筑城市比较优势,以产业功能区重塑城市经济地理,推动实现经济组织方式和城市发展方式全方位变革,通过不断实践探索,走出一条具有成都特色的产业发展路径。[①]

一 打造有机融合、良性循环的高能级产业生态圈

以"一个产业生态圈就是一项城市功能"理念为指引,聚焦成都市城市功能定位和战略目标,结合世界城市评价体系指向,动态调整产业生态圈体系结构,将成都市产业发展融入城市发展历史进程、承载城市发展核心功能,形成与城市发展同成长共进步的利益共同体,[②]构建具有区域产业带动能力和全球资源配置能力的开放型经济体系。

一是聚点成链的产业生态圈逐渐成势。自产业大会召开至今,成都市产业生态建设历经八次专题会议,数次产业理念更新及产业生态圈的布局调整,打破地域约束及行政壁垒,集聚各类先进要素资源,着眼成都市优势产业及未来产业发展布局电子信息、医药健康、航空航天、轨道交通、汽车产业、新型材料、数字经济、人工智能、先进生产服务业、新消费、都市农业和食品以及碳中和共计12个产业生态圈,形成主导产业鲜

[①] 范锐平:《优化空间布局 重塑经济地理 以产业功能区建设构建战略竞争优势》,《先锋》2019年第10期。
[②] 范锐平:《以产业生态圈为引领 加快提升产业功能区能级》,《先锋》2021年第4期。

明、要素自动吸附、人才流入聚集、企业核心竞争力不断增强的局面。二是产业生态圈典型示范引领效果显著。各产业生态圈分别形成全链贯通、多维驱动的工作格局，统筹协调推进产业生态圈发展，取得了较为亮眼的成绩，如电子信息产业生态圈构建以"芯—屏—端—软—智—网"为支撑的电子信息产业体系，形成了"双核三极多点"错位协同发展的总体空间布局，通过产业聚集，多维度提升功能区产业能级，2020年电子信息产业生态圈产业规模达到10065.7亿元，同比增长19.8%，成为全市首个万亿级产业集群。三是形成了带动区域地方发展的增长极和动力源。树立开放性思维以战略性产业为牵引构建跨区域产业生态圈，在更大范围实现生产要素科学配置和产业链供应链高效协同，城市极核功能、辐射带动作用持续增强。① 四年来，以产业生态圈为链接机制，产业能级持续提升、创新动能加快培育，在蓉企业市（州）分支机构数量增长3倍，"三区三带"建设项目464个、总投资超1.3万亿元，西部（成都）科学城"一核四区"策划重大项目135个、总投资超3000亿元，高新企业数量超过6000家，高新技术产业产值突破1万亿元，以全省1/30的土地、1/5的人口贡献了全省36.5%的经济总量。②

二 打造要素共享、企业共生的高水平产业功能区

以"一个产业功能区就是若干新型城市社区"理念突破产城分离的传统工业园区模式，形成以"功能复合率和宜居宜业度"为核心的营建导向，遵循模块化设计和社区化管理推进生活场景和生态场景叠加，产业功能区独立成市、组群发展形态逐步成型起势，引领城市沿着人城境业高度和谐统一的方向自然有序生长。③ 一是率先探索深化产业功能发展理念。2017年7月，成都在全市产业发展大会上首次提出要建设"主导产业明确、专

---

① 范锐平：《以产业生态圈为引领　加快提升产业功能区能级》，《先锋》2021年第4期。
② 范锐平同志在第八次产业功能区建设工作领导小组会议上的讲话。
③ 范锐平：《以产业生态圈为引领　加快提升产业功能区能级》，《先锋》2021年第4期。

业分工合理、差异发展鲜明的产业功能区"。产业功能区概念的提出，是顺应改革开放40多年来形势变化、主动适应高质量发展要求的必然选择。[①]成都市产业功能区及园区建设工作领导小组第八次会议后，全市优化调整产业功能区布局，重新锚定未来赛道，明晰功能定位，形成成都科学城、天府国际航空经济区、电子信息产业功能区、天府生物医药城等58个集生产、生活、生态功能复合的产业功能区。二是精准产业定位抢占先发优势。瞄准世界经济发展趋势，立足产业功能区资源禀赋、产业基础、重大平台，着眼城市在世界竞争的关键环节，积极抢占新赛道，塑造新优势，前瞻性布局研判优势产业及未来赛道，精准细化产业功能区产业细分领域。经过四年以来全市上下的共同努力，功能区聚焦主导产业集聚成链发展态势显现，涌现出了诸如天府国际生物城、成都电子信息产业功能区、天府总部商务区、青白江国际铁路港、新都现代交通产业功能区等一批先进典型。三是促进产城人融合建设高品质城市生活社区。以促进职住平衡为目标，高起点实施人才安居工程，加快规划建设更高品质的生活配套高标准满足职工生活居住需求。根据功能区主导产业特定人群的工作生活和消费偏好，因地制宜布局建设商务中心、文体中心、综合购物中心等，强化功能区消费场景，满足功能区居住人群不同层次的消费需求，精准化打造生活消费场景，提高功能复合率和城市宜居度。[②]四年来，全市建成人才公寓和产业园区配套住房2.1万套、352万平方米，建成首批40个示范性产业社区，城市经济和人口承载力年均提高11.2%。

三 打造优势突出、效益明显的高品质科创空间

以"一个科创空间就是一个新兴动力源"理念高标准建设科创空间，以高品质科创空间吸引创新资源集聚转化、推动产业发展动力更新，以集

[①] 成都市产业功能区及园区建设工作领导小组办公室：《产业功能区进化论》，《先锋》2020年第9期。

[②] 同上。

约节约、精明增长、内涵发展为特征的产业空间加快形成。作为产业创新策源地，高品质科创空间集研发设计、创新转化、场景营造、社区服务等功能为一体，既是产业基础能力和公共服务平台的主要承载区，也是未来产业生态功能和新市民生活空间的集中展示区，持续提升城市核心功能能级、建强产业功能区、增强城市产业引领力。[1]一是高品质科创空间建设初见规模。2020年3月，成都市产业功能区及园区建设工作领导小组第六次会议提出围绕产业链构建创新链，根据主导产业定位，建设以企业需求为导向、市场化运作的1000万平方米高品质科创空间。截至2021年7月，54个高品质科创空间已建成825万平方米，在建852万平方米，已投入运营637万平方米，完成投资51亿元，累计完成508亿元，引入企业394家、高校99所、研发机构和专业服务平台321家、创新团队2812个。其中，华为鲲鹏生态研发集群、生物创新药创制集群、航空核心零部件配套集群、"无人驾驶+"电子产业集群等正逐步在相关区域科创空间集聚起势。[2]二是集聚资源助力科创空间创新提能。分析国内外前沿技术及未来产业最新趋势，形成了成都重点布局领域分析报告，通过清单方式呈现了"十四五"时期成都可重点布局的15个赛道，为创新方向提供思路。全面梳理国家重点实验室、国家工程技术研究中心两类近千家高能级科技创新平台，整理了平台的依托单位、人才团队、仪器设备、研发方向、科研成果、联系方式等多维度资源信息，结合成都市产业生态圈发展定位和资源需求，从近千家高能级科技创新平台中推介757家国家级创新平台，[3]为高品质科创空间导入"源源不断"的科技创新资源。三是多措并举支持科创空间聚能。制定《成都市高品质科创空间创新能力建设指南》《高品质科创空间细分产业领域目标企业招引名录》《成都市建设

---

[1] 范锐平：《科学规划建设高品质科创空间　加快培育区域经济增长极和动力源》，《先锋》2020年第9期。

[2] 四川在线：《成都已建成825万平方米高品质科创空间，将设7类功能考核指标》，https://sichuan.scol.com.cn/ggxw/202107/58208285.html。

[3] 曹凘源、吴怡霏：《高品质科创空间建设高能级"大礼包"集中发布》，《成都日报》2021年7月9日第11版。

高品质科创空间政策细则》等支持措施，大力招引世界500强、行业500强、科技型创新型企业500强等头部企业设立亚太总部、中国区总部、全球创新中心、技术研发中心和重点生产基地，对关键企业的重大项目，轻资产、高价值创新型企业的项目，给予"一事一议""特事特办"的政策支持。

第二节
打造全球贸易战略节点

对外贸易是一个国家或地区参与国际经济合作与竞争的重要方式和渠道，是我国对外开放的核心内容和出发点。1978年以来，国家不断深化对外开放，制定了一系列鼓励对外贸易的相关政策。在此背景下，成都也不断扩大对外开放，大力推进对外贸易，促进了产业转型升级，企业发展壮大，全球影响力持续提升。随着成都深度融入"一带一路"建设，"成都制造、成都创造、成都服务、成都消费"与"一带一路"沿线国家的旺盛需求和广阔市场相衔接，2017年，成都已与全球228个国家或地区建立经贸往来，成都市实现外贸进出口总额3941.8亿元，同比增长45.4%，增速高居副省级城市首位。[①]成都广阔的贸易市场汇聚了世界各地的商品，同时也吸纳国外资本的直接投资，使"投资西部、首选成都"成为广泛共识，同时也为成都打造中西部国际营商环境标杆城市奠定了良好的基础。

---

① 《开放成都 走向国际范》，《四川日报》2018年11月8日。

> 专栏 5-2-1：成都市 2017—2020 年进出口规模情况

[图表：成都市 2017—2020 年进出口规模情况，包含进口总额（亿元）、出口总额（亿元）、进出口总额（亿元）及进出口总额增速（%）]

一　推动货物贸易提质增效

成都作为典型的内陆城市，货物贸易起步虽晚，但因成都在国家的政策框架内因地制宜地制定了对外贸易的政策和措施，大大突破了国内外的各种条件限制，货物贸易规模不断扩大。

2017 年，成都通过积极探索开放型经济发展新模式、新路径和新体制，累计进出口总额 3941.8 亿元，同比增长 45.4%，增速高居副省级城市第一位，外贸依存度达 30.3%，全市本地报关率达 86.3%，本土货源率达 92.2%。2018 年，随着产业转型升级步伐加快，英特尔、富士康、戴尔等龙头企业产能继续释放，成都外贸进出口总值实现 4983.2 亿元，同比增长 26.4%，其中高新综合保税区贡献最突出，高端设备及关键零部件等高新技术产品进出口实现快速增长，进出口值达 3521.1 亿元。

> 专栏 5-2-2：成都市综保区的成效
>
> **高新综保区"五大中心"建设成效显现**
>
> 综合保税区具有开放层次高、优惠政策多、功能齐全等特点，在

发展对外贸易、吸引外商投资、促进产业转型升级等方面发挥着重要作用。同时，综合保税区对外贸运行"稳定器"作用发挥亦明显。

统计显示，2020年成都高新综合保税区实现进出口总额4839亿元，再创历史新高，在全国综合保税区中连续33个月排名第一，逆势增长26.8%，占全省外贸进出口总额的68%。

截至目前，四川已获批综保区6个，其中成都占有3个，分别为成都高新综合保税区、成都高新西园综合保税区、成都国际铁路港综合保税区。

早在2019年出台的《国务院关于促进综合保税区高水平开放高质量发展的若干意见》中共提出21项任务，旨在培育综合保税区在产业配套、营商环境等方面的综合竞争新优势，推动综合保税区发展成为具有全球影响力和竞争力的加工制造中心、研发设计中心、物流中心、检测维修中心、销售服务中心"五大中心"。为此，成都海关出台了26条细化落实措施，目前成都高新综合保税区内企业有需求的16项举措已全部落地生效，"五大中心"建设成效明显。

资料来源：杨富：《突破7000亿元 2020年成都外贸进出口增长22.4%》，《成都日报》2021年1月21日第3版。

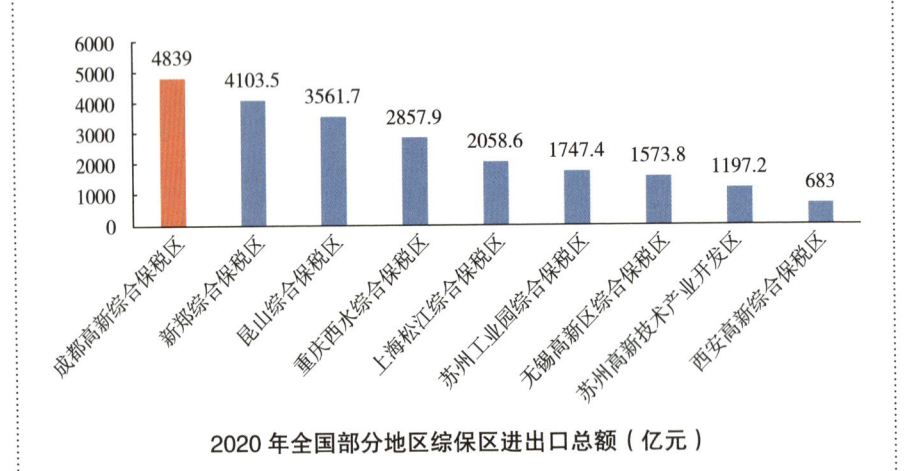

综保区	进出口总额（亿元）
成都高新综合保税区	4839
新郑综合保税区	4103.5
昆山综合保税区	3561.7
重庆西永综合保税区	2857.9
上海松江综合保税区	2058.6
苏州工业园综合保税区	1747.4
无锡高新区综合保税区	1573.8
苏州高新技术产业开发区	1197.2
西安高新综合保税区	683

2020年全国部分地区综保区进出口总额（亿元）

2019 年，成都加大稳外贸稳外资，主动服务国家对外开放、区域协同合作和企业多元发展，全市货物进出口呈现稳中提质的良好势头，外贸进出口总值达 5822.7 亿元，同比增长 16.9%，占四川进出口总值的 86.1%，位居我国西部第一。2020 年，成都外贸破除新冠肺炎疫情影响，表现出较强的韧性和抗风险能力，帮助 730 余家企业"走出去"发展，投资遍布全球近 90 个国家和地区，其中主要进出口国家和地区为美国、东盟和欧盟，外贸进出口总额再创历史新高，达到 7154.2 亿元，占同期四川进出口总值的 88.5%。

> **专栏 5-2-3：成都市对外贸易区域分布情况（2019 年）**

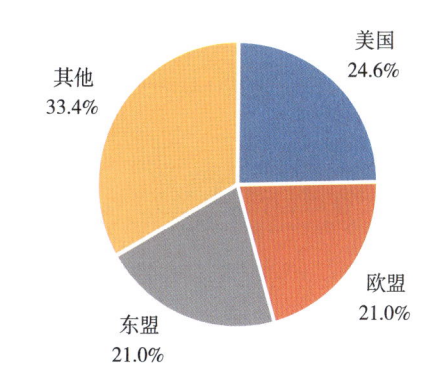

美国 24.6%
欧盟 21.0%
东盟 21.0%
其他 33.4%

> **专栏 5-2-4：成都市对外贸易重点企业名单**

序号	企业名称
1	英特尔产品（成都）有限公司
2	鸿富锦精密电子（成都）有限公司
3	戴尔（成都）有限公司
4	中嘉汽车制造（成都）有限公司
5	全球物流（成都）有限公司
6	纬创资通（成都）有限公司
7	成都京东方光电科技有限公司
8	成都汇晨物流有限公司

续表

序号	企业名称
9	仁宝电脑（成都）有限公司
10	德州仪器半导体制造（成都）有限公司

二 推动服务贸易创新发展

自2016年开展服务贸易创新发展试点以来，成都市服务贸易发展总体态势较好，服务进出口总额、服务出口额和占外贸总额的比重实现同步提升，规模位居西部首列，呈现发展规模持续增长、发展结构日趋优化、国际市场日渐多元、产业生态持续优化等特征。

> **专栏5-2-5：成都市2017—2020年服务贸易总额情况**
>
> （亿元）
> - 2017: 968
> - 2018: 818.2
> - 2019: 900.6
> - 2020: 911.1

2017年，成都市制定完善了《成都市服务贸易创新发展试点实施方案》，建立成都市服务贸易发展联席会议制度，认定一批对开展服务贸易具有支撑作用的重点企业（机构），构建了全市服务贸易重点项目库，组建了多层次多领域的市场主体队伍，全年服务贸易总额实现968亿元，增长19.2%[1]，在国务院服务贸易发展部际联席会议办公室组织的试点绩效评估中，成都市获得充分肯定。

---

[1] 四川在线：《成都自贸区晒2017年"成绩单"：启动155项改革任务》。

专栏5-2-6：成都市重点服务贸易企业名录

企业名称
中国化学工程第七建设有限公司
英特尔产品（成都）有限公司
四川航空股份有限公司
四川国际航空发动机维修有限公司
成都国际铁路班列有限公司
腾讯科技（成都）有限公司
中国成达工程有限公司
戴尔（成都）有限公司
鸿富锦精密电子（成都）有限公司
跑诗达新能源汽车有限公司
东方电气集团国际合作有限公司
宇芯（成都）集成电路封装测试有限公司
成都航空有限公司
西门子工业自动化产品（成都）有限公司
莫仕连接器（成都）有限公司
成都康弘生物科技有限公司
成都芯源系统有限公司
全球国际货运代理（中国）有限公司成都分公司
中国水利水电第五工程局有限公司
成都建筑材料工业设计研究院有限公司
成都国际陆港运营有限公司
阿里巴巴（成都）软件技术有限公司
四川莱帕德物流有限公司
成都卓杭网络科技股份有限公司
准时达国际供应链管理有限公司
中国电建集团成都勘测设计研究院有限公司
北京世纪卓越信息技术有限公司成都分公司

续表

企业名称
澳新银行营运服务（成都）有限公司
联发芯软件设计（成都）有限公司
马士基信息处理（成都）有限公司
成都斯达领科网络科技有限公司
成都新奇互娱科技有限公司
成都谦德科技有限公司
枫国宏利信息科技服务（成都）有限公司
成都京东方光电科技有限公司
成都创人所爱科技股份有限公司
德迅（中国）货运代理有限公司成都分公司
成都易我科技开发有限责任公司
联邦快递国际货运代理服务（上海）有限公司成都分公司
超凡知识产权服务股份有限公司
成都聚思力信息技术有限公司
诺基亚通信（成都）有限公司
北京康捷空国际货运代理有限公司成都分公司
成都创源国际货运代理有限公司
中国水利水电第七工程局有限公司
中国出口信用保险公司四川分公司
维塔士电脑软件（成都）有限公司
爱齐（成都）科技有限公司
中外运跨境电商物流有限公司成都分公司
成都育碧电脑软件有限公司

2019年，面对各种风险挑战明显上升的复杂环境，成都服务贸易发展加快转型升级，运行形势总体平稳，增长态势低开高走，发展质量稳步提升。在服务贸易领域持续对外开放的形势下，成都企业积极"走出去"，大力开拓国际市场，服务出口首超进口，改变了长期以来的逆差局面，其

中新兴服务出口总额实现267.10亿元，同比增长36.7%。在中美贸易摩擦的影响下，美国市场作为成都最重要的服务贸易对象，其地位依然稳固，对美服务进出口总额为201.23亿元，同比增长10.8%，增速超过全市服务进出口整体增速水平。

> **专栏5-2-7：2019年成都服务贸易进出口领域情况**
>
> 单位：亿元
>
> | 业务类别 | 出口金额 | 出口同比% | 进口金额 | 进口同比% | 进出口金额 | 进出口同比% |
> |---|---|---|---|---|---|---|
> | 合 计 | 543.18 | 37.8 | 356.88 | -15.3 | 900.06 | 10.1 |
> | 加工服务 | 8.97 | -1.4 | 0.11 | -6.9 | 9.08 | -1.4 |
> | 运输服务 | 13.27 | 54.3 | 15.29 | 49.5 | 28.55 | 51.7 |
> | 旅行服务 | 89.58 | 16.6 | 162.96 | -5.5 | 252.35 | 1.3 |
> | 建设服务 | 164.04 | 60.1 | 43.96 | 14.5 | 208.01 | 47.5 |
> | 保险与金融服务 | 0.71 | 19.8 | 1.21 | -10.5 | 1.92 | -1.4 |
> | 计算机和信息服务 | 197.58 | 32.7 | 23.17 | -78.4 | 220.76 | -19.0 |
> | 其他商业服务 | 33.17 | 16.5 | 52.93 | 29.9 | 86.11 | 20.6 |
> | 文化和娱乐服务 | 0.40 | 31.6 | 3.29 | 101.3 | 3.69 | 90.3 |
> | 维护和维修服务 | 32.79 | 85.4 | 28.11 | 45.6 | 60.90 | 64.6 |
> | 知识产权使用费 | 2.44 | 123.6 | 25.66 | 94.8 | 28.10 | 97.0 |
> | 新兴服务小计 | 267.10 | 36.7 | 134.37 | -32.5 | 401.48 | -0.7 |

2020年，全球经济服务化已成为大势所趋，服务贸易日益成为国际贸易的重要组成部分。如今全球经济不确定性加剧，但成都市服务贸易展现出较强的韧性和潜力，继续保持稳定发展的态势，实现服务进出口总额911.1亿元，贸易逆差不断扩大，服务出口实现611.7亿元，同比增长12.6%。2020年成都不仅与美国、中国香港、新加坡和日本等贸易强国或地区保持密切合作，还拓展了俄罗斯、阿联酋等新兴国家市场，服务外包国际市场持续增加。随着"一带一路"沿线市场加快布局，全市离岸服务外包接包业务涉及"一带一路"国家已增加到34个，服务外包执行金额近20.5亿元，服务贸易企业增加近300家，头部企业也在陆续增多。

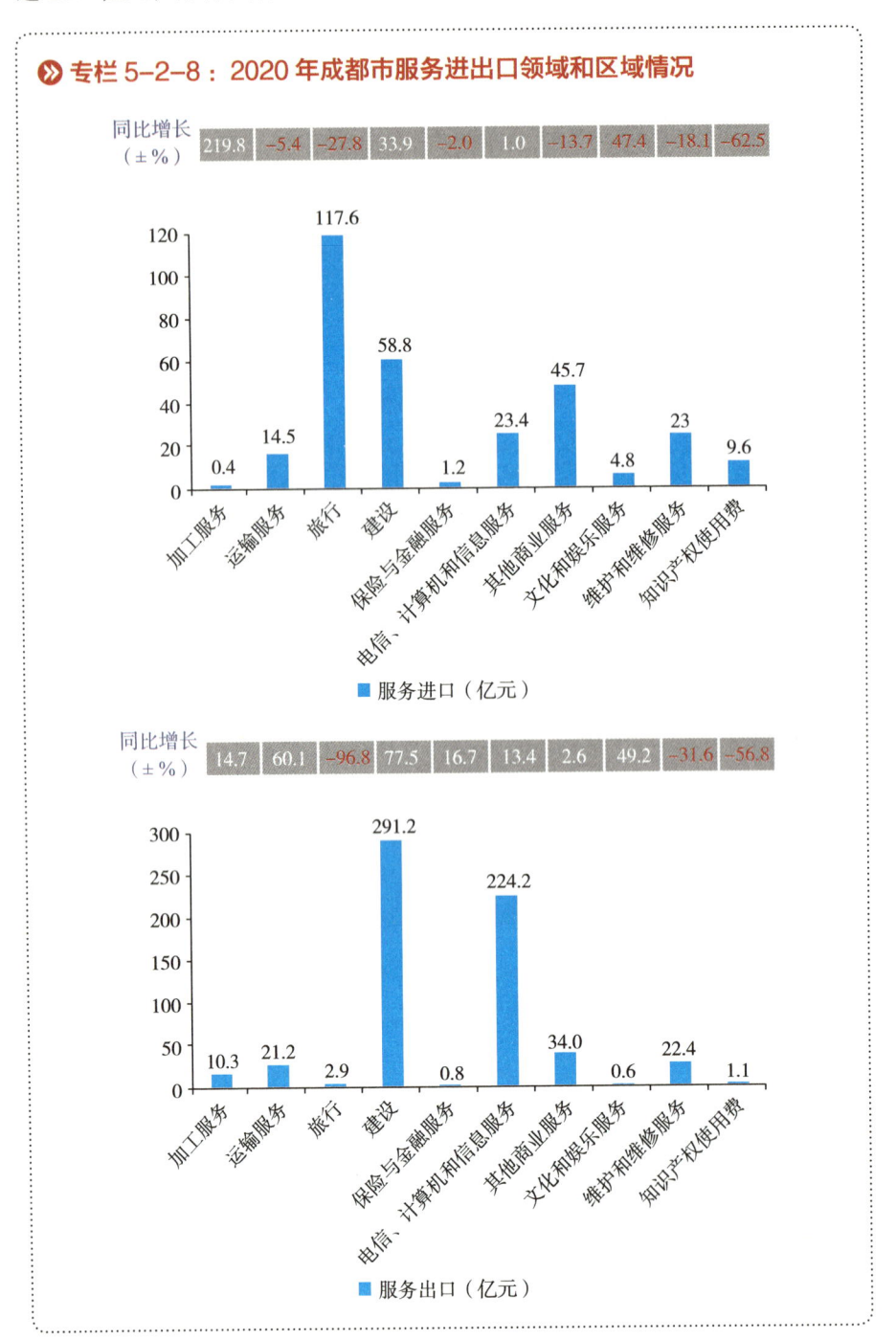

专栏5-2-8：2020年成都市服务进出口领域和区域情况

服务进口（亿元）同比增长（±%）：

领域	金额（亿元）	同比增长（±%）
加工服务	0.4	219.8
运输服务	14.5	-5.4
旅行	117.6	-27.8
建设	58.8	33.9
保险与金融服务	1.2	-2.0
电信、计算机和信息服务	23.4	1.0
其他商业服务	45.7	-13.7
文化和娱乐服务	4.8	47.4
维护和维修服务	23	-18.1
知识产权使用费	9.6	-62.5

服务出口（亿元）同比增长（±%）：

领域	金额（亿元）	同比增长（±%）
加工服务	10.3	14.7
运输服务	21.2	60.1
旅行	2.9	-96.8
建设	291.2	77.5
保险与金融服务	0.8	16.7
电信、计算机和信息服务	224.2	13.4
其他商业服务	34.0	2.6
文化和娱乐服务	0.6	49.2
维护和维修服务	22.4	-31.6
知识产权使用费	1.1	-56.8

服务出口排名前10的国家和地区	服务进口排名前10的国家和地区
国别（地区）	国别（地区）
美国	美国
俄罗斯	阿拉伯联合酋长国
中国香港	爱尔兰
新加坡	中国香港
法国	德国
英属维尔京群岛	俄罗斯
中国台湾	瑞典
英国	英国
百慕大	新加坡
日本	日本

资料来源：成都服务贸易协会：《2020年成都服务贸易发展情况》。

三 推动数字贸易先行先试

党的十九大强调，要拓展对外贸易，培育贸易新业态新模式，推进贸易强国建设。当前，随着新一代信息技术的广泛应用，数字服务新业态新模式不断涌现，加速重构全球价值链。数字贸易是依托于信息通信技术的全新贸易形态，依赖不断创新的数字技术，与传统贸易既有联系又有差异：一是数字贸易要依托以互联网技术为代表的信息通信技术，以互联网为基础，以数字交换技术为手段，以互联网传输为媒介。二是数字贸易对象多为知识产权密集型产品和服务，主体是服务。三是数据成为与资本、技术、劳动力、土地同等重要的生产要素。四是数字贸易中的头部效应明显，容易培育形成独角兽企业。

结合数字贸易的发展特征，成都认真贯彻落实四川省《关于加快推进数字经济发展的实施意见》，大力推进以电子信息产品制造业和软件服务业为主的数字产业发展，深入推进数字技术融合应用，积极打造有利于数字经济发展的产业生态。2019年商务部、中央网信办、工业和信息化部面向全国组织申报国家数字服务出口基地，成都积极参与申报工作，积极推进建设"最适宜新经济发展的城市"，被纳入国家数字经济创新发展试验区。作为探索西部服务业高水平对外开放的重要支点，2020年，成都天府软件园成功申请到首批国家级数字服务出口基地，同时获批建设国家新一代人工智能创新发展试验区，对进一步发挥制度创新优势，形成服务贸易创新发展、服务业对外开放以及服务出口促进的良性互动新局面提供了有利条件。

> **专栏 5-2-9：成都打造数字贸易核心"试验区"**
>
> **成都天府软件园**
>
> 成都天府软件园是成都新经济活力区重点打造的产业社区之一，位于成都高新区南部园区，是首批国家软件产业基地之一，国家级科技企业孵化器及国家创新人才培养示范基地、首批"国家备案众创空间"。
>
> 产业生态基础良好。天府软件园具备良好园区基础，拥有特色产业集群、领军企业和人才、系统的政策配套，聚集形成科技金融、共享服务中心、软件产品研发、IC设计、移动互联、通信技术、数字娱乐等几大产业集群，包括物联网、区块链、VR/AR、大数据、人工智能、云计算等热门行业，并成为国内外知名软件和信息服务企业在华战略布局的重要选择地和全国知名的创新地标。
>
> 发展数字服务优势突出。在这里，新业态新模式不断涌现，网络

视听产业完备，数字文化领域发展迅速，软件信息服务中西部领先，数据服务稳步提升，汇聚大量产业发展的中高端人才，公共服务平台日趋完备。尤其在数字内容服务领域，园区及其周边已聚焦游戏电竞、数字音乐、数字传媒、数字影视四大领域的市场主体近700家，诞生了《王者荣耀》《银河帝国》《王者帝国》《花千骨》《哪吒之魔童降世》等里程碑式的标志性作品。

资料来源：文科：《成都天府软件园：蓉城创新地标，为数字化转型注智赋能》，《产城》2020年第10期，第28—31页。

第三节

塑造全球投资优选高地

成都作为"一带一路"建设和长江经济带发展的重要节点城市，积极打造向西向南开放门户，主动参与到经济全球化进程中，向更高层次的开放型经济发展。"十三五"时期，外资利用规模水平、对外投资合作、国际交往合作方面都取得显著成效，越来越多的境内外企业将成都作为在中西部投资布局的首选，正在实施的"全域开放"重要发展战略助力成都推进双向投资促进和外事交流工作，进一步拓展了成都在世界城市体系中的经济版图和枢纽功能。

一 外商投资氛围浓烈

外商投资是经济发展的重要推动力，成都作为泛欧泛亚的开放门户城市，以其巨大的经济增长潜力和发展空间、强大的创新能力、独特的文化气质、强大的市场辐射力以及优良的投资环境激发了众多外商投资热情，英特尔、戴尔、IBM、西门子、飞利浦在内的305家世界500强企业相继落户，成都成为一片投资的热土。自2013年以来，成都已连续八年稳居"最具投资吸引力城市"第一名，实现"八连冠"，2020年，成都获得"2020中国最具投资吸引力城市"第一名和"2020中国十佳外商投资最满意城市"荣誉称号，成华区获得"2020十大最具投资吸引力城区"、青白江区获得"2020投资发展环境质量十佳县（市、区）"、成都医学城获得"2020投资发展环境质量十佳园区"、成都中法生态园获得"2020十大投资吸引力园区"。截至2020年底，成都累计引进重大项目663个，协议总投资1.2万亿元。2020年新设外商投资企业699家、增长20.9%，外商投资实际到位504.2亿元，新批或增资1000万美元以上的重大外资项目112个。[①]

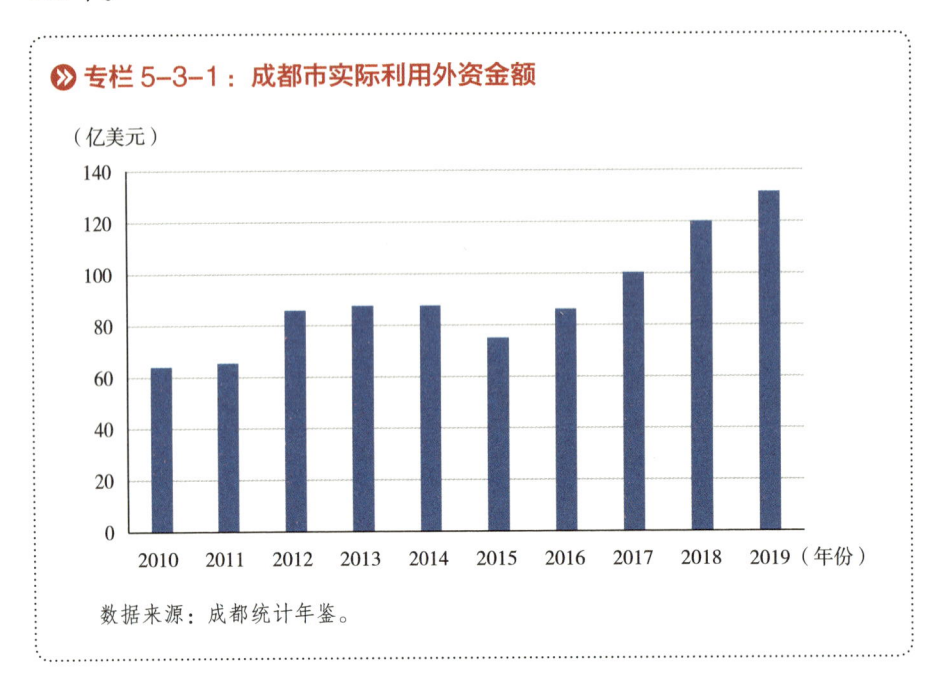

> **专栏5-3-1：成都市实际利用外资金额**
>
> （亿美元）
>
> | 年份 | 金额 |
> |---|---|
> | 2010 | 约65 |
> | 2011 | 约66 |
> | 2012 | 约86 |
> | 2013 | 约88 |
> | 2014 | 约88 |
> | 2015 | 约76 |
> | 2016 | 约87 |
> | 2017 | 约102 |
> | 2018 | 约122 |
> | 2019 | 约133 |
>
> 数据来源：成都统计年鉴。

外资利用状况，是衡量一个城市开放度和经济质量的重要指标。2018

---

① 《2020中国城市投资吸引力指数报告》。

年，成都实际利用外资金额 120.3 亿美元，仅次于北京、上海，位列全国副省级城市之首，副省级城市中成都、武汉是实际利用外资规模超过百亿美元的仅有的两个城市。2019 年，成都外商投资项目 578 个，实际利用外资金额 131.69 亿美元，其中外商投资 75% 集中于服务业，资金来源地区主要为香港特别行政区，占比近 80%。

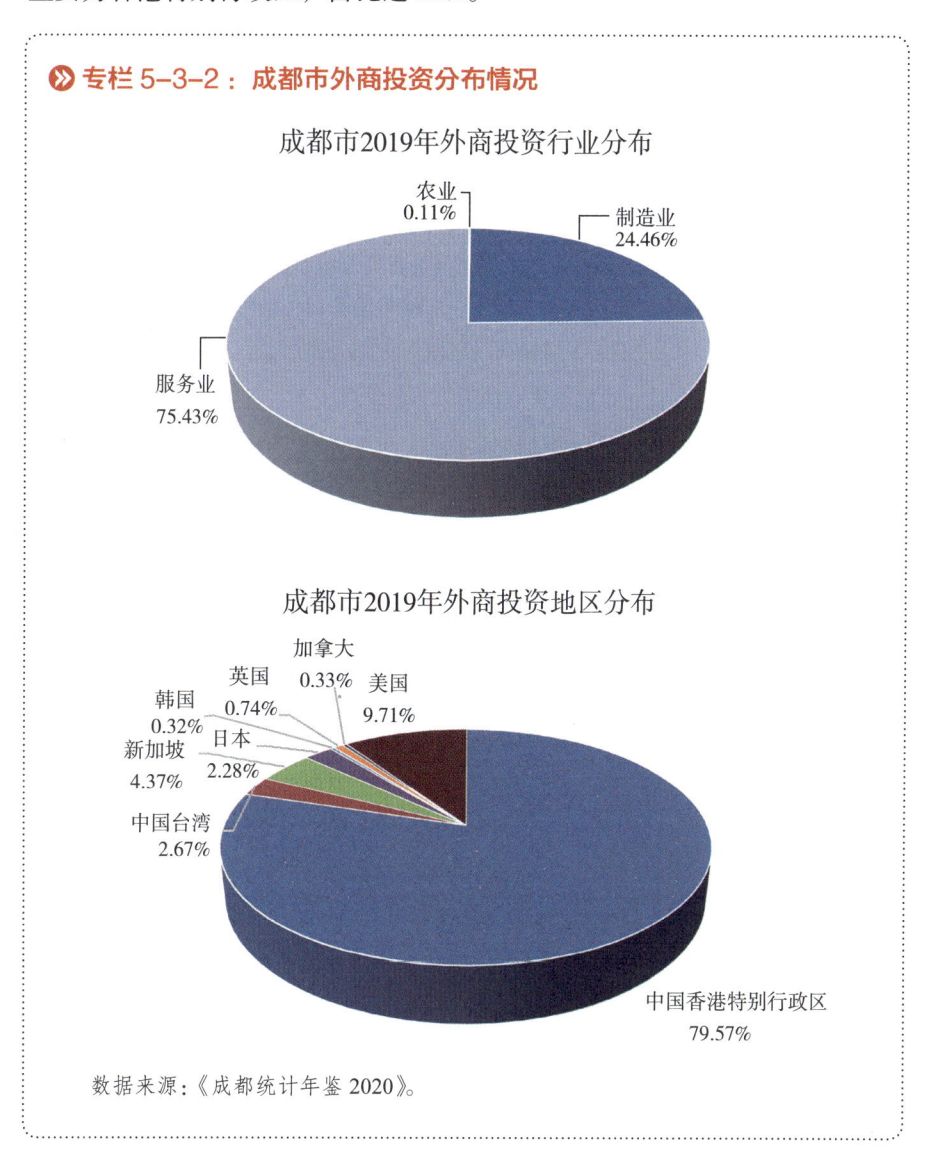

> **专栏 5-3-2：成都市外商投资分布情况**
>
> 成都市2019年外商投资行业分布
>
> - 农业 0.11%
> - 制造业 24.46%
> - 服务业 75.43%
>
> 成都市2019年外商投资地区分布
>
> - 加拿大 0.33%
> - 英国 0.74%
> - 美国 9.71%
> - 韩国 0.32%
> - 日本 2.28%
> - 新加坡 4.37%
> - 中国台湾 2.67%
> - 中国香港特别行政区 79.57%
>
> 数据来源：《成都统计年鉴 2020》。

> 专栏 5-3-3：成都市外商投资重点企业名录

企业名称
鸿富锦精密电子（成都）有限公司
戴尔（成都）有限公司
四川一汽丰田汽车有限公司
纬创资通（成都）有限公司
仁宝电脑（成都）有限公司
腾讯科技（成都）有限公司
捷普科技（成都）有限公司
亚成科技（成都）有限公司
英特尔产品（成都）有限公司
延长壳牌（四川）石油有限公司
TCL王牌电器（成都）有限公司
成都伊藤洋华堂有限公司
华润雪花啤酒（四川）有限公司
四川国际航空发动机维修有限公司
莫仕连接器（成都）有限公司
华润置地（成都）发展有限公司
神钢建机（成都）有限公司
德州仪器半导体制造（成都）有限公司
金威（成都）能源有限公司
沃尔玛（四川）百货有限公司
西门子工业自动化产品（成都）有限公司
易初明通机电设备（四川）有限公司
成都盒马生鲜网络科技有限公司
成都心怡房地产开发有限公司
成都时代奥特莱斯商业有限公司
斯伦贝科技服务（成都）有限公司
百胜餐饮（成都）有限公司
成都新易盛通信技术股份有限公司
成都欧尚超市有限公司

二 对外投资遍布全球

为抢抓国家"一带一路"建设重大机遇，成都致力于建设国家中西部地区"走出去"门户城市。近年来，成都坚持"引进来"与"走出去"双向互动，聚焦"一带一路"重点地区和重点国家，对接重点行业和重点领域，深入实施"全球布局""产能合作""跨国成长""丝路开拓""平台构筑""保驾护航"六大行动，推动成都优势产业、优秀企业全方位、多领域、高水平"走出去"，全面提升成都与"一带一路"沿线国家经贸合作水平。

其中，"全球布局"行动主动对接国家新欧亚大陆桥、中蒙俄、孟中印缅和中巴等国际经济合作走廊建设，深入实施"蓉欧+"战略，加快构建对外开放西向、南向、空中"三大经济走廊"，打通成都经贸交流互联互通大通道；积极推动与重点地区、重点国家的经贸交往。巩固提升成都与东南亚、南亚、中东欧—中亚、西欧、非洲五大重点地区的经贸合作关系。"产能合作"行动推动成都电子信息、汽车制造、轨道交通等九大优势产业和特色产品，以及新一代信息技术等七大战略性新兴产业，向"一带一路"沿线国家转移和布局，拓展"成都制造""成都服务""成都品牌"产能合作空间。"跨国成长"行动支持本土龙头企业有序开展全球战略布局，提升跨国经营水平，培育一批成都本土跨国企业集团。"丝路开拓"行动围绕境外经贸合作园区建设、优势企业海外投资、"一带一路"基础设施建设、服务业境外投资四个方面，引导企业在"一带一路"沿线国家投资布局一批重大项目，推动一批在建项目加快建设，促进一批筹建项目开工建设，引导成都优势产业在境外集聚发展，带动产业链上下游企业集群式"走出去"。"平台构筑"行动围绕搭建开放合作、经贸交流、创新创业和金融服务四大平台，建设一批国际合作示范园区，发展一批国际友城和经济合作伙伴城市，打造一批便捷开放的企业国际化"众创空间"和专业楼宇，增强企业"走出去"的国际竞争力和辐射力。"保驾护航"行动抓好信息服务、风险防控、中介服务、政务服务四大机制的优化完善,加强对成都市"走出去"的政策引导和指导,抓好企业境外投资前期风险分析和论证,加快培育发展面向境外投资和跨国贸易的中介服务机构,构建完善口岸大通关机制,为企业"走出去"创造良好的政商环境。[①]

近年来,成都企业对外投资合作发展稳步健康,并且在基础建设、能源资源开发、农牧业发展等方面涌现出一批重大项目投资合作和行业龙头。截至2020年底,成都市已有730余家企业"走出去"发展,投资遍布全球近90个国家和地区。

> **专栏5-3-4:成都对外投资合作案例**
>
> 案例一:对外投资企业·天齐锂业股份有限公司
>
> 天齐锂业股份有限公司(以下简称"天齐锂业")是国内最大的锂电新能源核心材料供应商,也是全球领先的矿石提锂生产商,公司业务涵盖锂产业链的关键阶段,包括硬岩型锂矿资源的开发、锂精矿加工销售以及锂化工产品的生产销售。公司的"锂坤达"系列产品在同行业中拥有首屈一指的金口碑,其"锂坤达"商标曾被评为"四川省著名商标"。
>
> 为谋求更广阔的发展空间,天齐锂业立足国内并不断向海外扩张市场,积极参与国际并购与投资,逐步实现从国内锂业巨头向全球锂业巨头的战略转变。2014年,天齐锂业斥资50亿元完成对泰利森母公司文菲尔德51%权益收购,间接控股泰利森锂业,成为全球锂业龙头。2016年,在澳大利亚建设年产2.4万吨电池级单水氢氧化锂项目,2017年启动二期项目建设。
>
> 为了进一步提升对海外战略性资源的掌控能力,2018年12月,天

[①]《成都市融入"一带一路"国家战略 推动企业"走出去"五年(2016—2020年)行动计划》。

齐锂业通过天齐鑫隆（天齐锂业的全资子公司）以 40.66 亿美元收购了智利化学矿业公司（SQM）23.77%的股权，成为川企有史以来最大海外并购案。SQM 是全球最大锂生产商之一，也是全球领先的特种植物肥料和钾肥、锂、碘和工业化学品的综合生产和销售商，其位于阿塔卡玛的盐湖是全球范围内含锂浓度最高、储量最大、开采条件最成熟的锂盐湖。

SQM 的收购，符合天齐锂业自身的长期发展战略，也符合国家新能源政策导向。近年，随着绿色环保理念的深入人心和新能源汽车产业的蓬勃兴起，全球主要国家对锂资源在未来新能源产业中所具有的重要战略意义基本形成了共识，锂行业受到全球资本的高度关注和追捧，新的资本源源不断地涌入锂行业，如美国的雅保、FMC 等大型跨国公司，通过在全球范围内不断地兼并收购、合资建厂、绿地投资等手段扩大和巩固自身的行业地位。天齐锂业通过对锂矿巨头 SQM 的股权收购，优化了公司在全球锂行业的布局，进一步巩固了行业龙头地位，大大提升了公司在锂行业的话语权。

案例二：对外承包工程企业·中国化学工程第七建设有限公司

中国化学工程第七建设有限公司（以下简称"七化建"）是中国化学工程集团有限公司全资子公司，成立于 1964 年，总部设在四川成都。七化建拥有多项资质，如建筑工程施工总承包壹级资质、石油化工工程施工总承包壹级资质、市政公用工程施工总承包壹级资质、机电工程施工总承包壹级资质等。

在发展战略上，七化建始终坚持"国内国外两个市场、化工与非化两个领域并举开发"，在海外 31 个国家和地区承建了 83 个大中型化工、石油化工、精细化工、市政基础设施、房屋建筑等工程建设，是中国企业首次以国际通行工程承包方式走出国门、国际化程度最高的施工企业。经过半个世纪的创新发展，七化建以国际创新思维和行业领先技术发展成为"中国化学"实施"走出去"战略的领军者，并发展成为全球化工建设的领先者。

2019年6月,七化建与俄罗斯油气开发公司签订了50亿美元的俄罗斯帕亚哈油气田开采项目EPC总承包框架合作协议,这是目前俄罗斯最大的油田,也是世界上最大油田之一。同年10月,成功签署合同额近1000亿元的俄罗斯波罗的海化工综合体项目,创造了多个第一:世界上最大的乙烯综合体项目、中国企业海外合同金额最大的项目、中国企业首次成为乙烯综合体EPC总承包商。此项目的承接,更让七化建站在了国际承包商的前列。

资料来源:根据相关资料收集整理。

三 国际合作日趋紧密

当全球处于大发展大变革大调整的百年未有之变局,和平发展合作共赢成为时代的潮流。从"蜀身毒道"到"一带一路",从内陆腹地到开放高地,不难发现,成都正在新一轮对外开放中迎头赶超,成为备受青睐的国际合作"机会之城"。"十三五"时期,成都开放合作不断加强,第八次中日韩领导人会议、第七届中日韩工商峰会、二十国集团(G20)财长和央行行长会议、联合国世界旅游组织第22届全体大会、金砖国家友好城市暨地方政府合作论坛、"一带一路"商协会对话与合作年会等国际合作交流活动在成都轮番上演。目前成都已与全球235个国家和地区建立经贸关系,先后设立了中德、中法、新川等国际合作园区,推动中—乌(乌干达)农业产业园等50多个境外重大产能合作示范项目建设。截至2020年末,获批在蓉设立领事机构的国家20个,国际友城和国际友好合作关系城市104个。

> **专栏 5-3-5：成都国际合作交往城市情况**

驻蓉设立领事机构国家数

年份	2016	2017	2018	2019	2020
数量	16	17	17	19	20

国际友好合作关系城市数

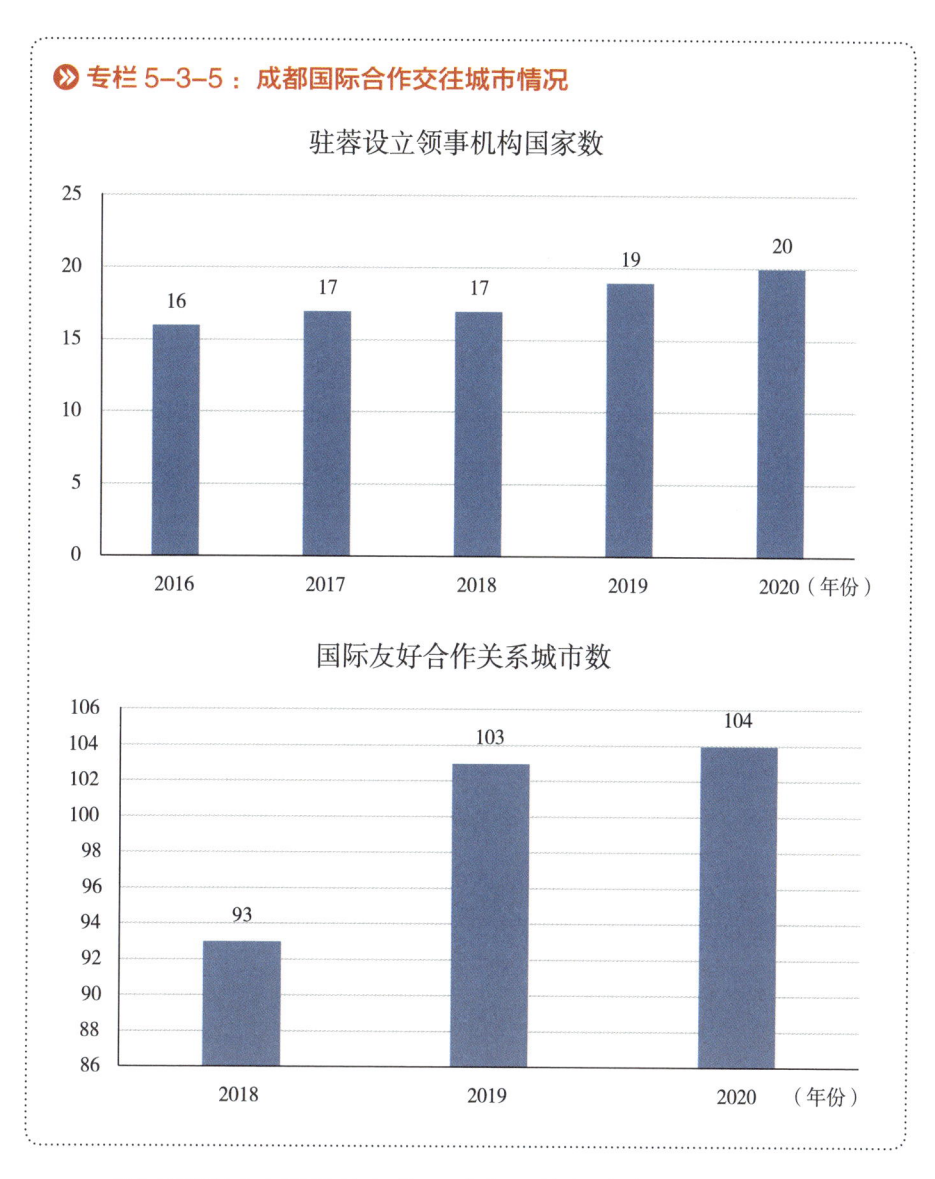

年份	2018	2019	2020
数量	93	103	104

一是国别园区建设持续加快。成都目前拥有中法、中德、新川、中意、中韩、中日 6 个国别合作园区。作为全市利用外资高地和对外开放窗口，高标准建设国别合作园区，是成都参与全球要素分配和世界经济循环，打造国内国际双循环相互促进的样板区、开放型经济发展引领区、产业生态塑造先行区的重要途径，为成都高水平建设国际门户枢纽城市、高

质量践行新发展理念的公园城市示范区提供更强开放动能。其中中法园区按照国际化和生态化发展思路，建设辐射欧洲的对外交往新窗口、绿色低碳新典范、赛事名城新引擎；中德园区突出打造中小企业合作示范区建设适欧国际生态精工新城和全球中小企业合作示范区；新川园区聚焦 5G 应用培植数字经济发展新优势；中意园区加快形成具有国际影响力和区域特色的中意创意设计产业集群；中韩园区构建全链条的科技创业孵化体系，打造辐射欧亚沿线国家的创新创业孵化器；中日园区以文化创意为核心引领产业，积极打造新时代中日双向开放发展引领区、西部文创产业发展带示范区、中日第三方市场联合拓展先行区。二是国际展会活动规模持续扩大。一座城市的综合实力归根结底体现在世界城市分工和全球产业体系中的战略地位，而会展国际化既得益于城市国际化，也推动着城市国际化。成都引进的国际知名会展企业英国英富曼、瑞士迈氏、法国智奥三大公司都在蓉设立了独立法人机构或区域总部；落地成都的国际合作驻馆项目 21 个、国际领先会展企业 6 家，全球会展业 10 强中 7 家在蓉开展项目合作；拥有国际大会及会议协会（ICCA）会员 11 个，居国内城市第三；获得国际展览业协会（UFI）认证的会展项目 13 个，会员 13 家；年度举办符合 ICCA 标准的国际会议 33 个，数量居国内城市第四。到 2020 年，成都举办重大国际展会活动数量增加到 208 个，展会质量也逐步提升，世界华商大会、全球财富论坛、世界航线大会、联合国世界旅游组织大会、第八次中日韩领导人会议等国际性高端会议在成都成功举办，成都会展品质、规模和影响力持续提升，国际化发展步伐越走越稳，国际会展之都的影响力越发凸显。根据商务部中国会展经济研究会发布的中国城市会展业竞争力指数排行，成都连续 4 年排名全国第四、中西部第一，位列上海、北京、广州之后。全球商务旅行管理公司嘉信力（CWT）研究成果显示，成都连续 2 年跻身亚太 10 大会展城市；在 ICCA 国际会议研究及培训中心（CIMERT）发布的《2020 年全球会议目的地竞争力指数报告》中，成都位列全球第 38 位，形象感知竞争力位列第 21 位，是仅次于北京、上海的国内会议目的地"第三城"，一个个殊荣背后展示的是成都会展积极构建国际会展新秩序，呈现参与全球经济治理的成都会展表达，充分展示成都持续扩大对外开放，塑造全球竞争新优势的城市实力。[①] 三是科技文化交流频率不断增加。在科技合作方面，国际著名研发机构纷纷入驻国际合作平台，研发实力逐渐增强。如作为"一带一路"对外开放的新旗帜，中国—欧洲中心加快推进西部陆海新通道建设的新平台，主动服务国家对外开放战略，以"对欧商贸中心、交往中心、服务中心"为核心功能定位打造国家级对欧开放合作平台，突出中欧区域性项目合作，开辟中欧合作关系的"第四支柱"。现今，该中心已吸引了170余家国际知名机构和企业入驻，在未来，将大力推进中欧双方在资本、技术、人才、物流方面开展全方位合作交流，积极融入"四项拓展、全域开放"立体全面开放新格局。在文化交流方面，各种高端文化交流项目与平台先后亮相成都，国际文化交流进一步加强。自2016年以来，成都市平均每年完成对外文化交流项目40项，接待国外境外政府和民间来蓉团组20个。2018年成立摩洛哥拉巴特中国文化中心。2019年成立中英文化交流中心，成功举办一系列优质文化艺术展览及节会，并持续引进高品质境外文化项目。

[①]《紧盯国际会展之都目标　成都持续扩大会展全球竞争新优势》，《成都日报》2021年6月18日第9版。

第六章

营造开放平台优势：从借船出海到千帆竞发

当前，成都已经站在全面建设国家中心城市的发展新起点。国家中心城市的一个重要特征表现为高度发展的开放型经济及具有一定国际化水平的国家开放门户。"完善对外开放平台，提升参与国际合作竞争层次"[1]是国家赋予成都建设国家中心城市的一项历史任务。成都一直致力于开放平台的建设，近年来，以欧盟、东盟为重点，已经着力搭建了多项高能级对外开放平台，营造出全方位的开放格局，并逐步释放出独特的平台优势。在全域高水平高质量开放的时代，成都逐步打破了"西部宿命"，实现了从内陆城市转道沿海城市"借船出海"到全方位开放"千帆竞发"的华丽转变。

---

[1] 来源：《成渝城市群发展规划》。

第一节
打造高水平制度创新平台

高水平对外开放首先需要制度创新保驾护航。最近几年来，成都市加快对外开放的制度创新步伐，在市场准入、贸易和投资便利化、营商环境等方面进行了全方位的制度创新，为四川和全国提供了成都经验。并且成都强调全市一盘棋的思想，动员各方面的涉外资源和力量，推动外事外资外经外贸外宣"五外"联动，打造全方位高质量的开放格局。

一　开放市场准入，为全球企业营造沃土

开放的国际化城市必然会吸引来自全球的企业和资金、技术、人员等要素流入，成都通过大力度的制度创新营造开放平等的市场准入和竞争环境，为全球企业提供了投资"沃土"。2020年，成都外商投资总额为323.3亿元，较2019年增长60.8%，荣获"2020中国最具投资吸引力城市"第一名和"2020中国十佳外商投资最满意城市"荣誉称号，连续八年稳居"最具投资吸引力城市"第一名。同时，成都重大项目投资积极向国内民营资本开放，培育出如新希望、通威集团等多个细分行业领跑的民营企业，健康的产业链和公平的竞争环境，为内外资企业提供了投资发展的沃土。

从2018年开始，我国正式实施市场准入负面清单制，意味着已经实行了长达30多年的审批制投资管理体制走向终结。四川省先后出台了相关意见，要求进一步放宽民间投资市场准入，坚决取消针对民间投资设置的歧视性附加条件和隐性条款，确保民间投资在市场准入条件、资源要素配置、政府管理服务等方面享有平等待遇，同时对外商直接投资给予国民

待遇。

早在2014年,成都市就紧跟上海开始尝试实行负面清单管理模式。天府新区成都片区直管区、成都高新区、龙泉驿区(经开区)3个试点区当年公开发布了各自的第一份"负面清单"。该份"负面清单"涉及外商投资、企业投资、区域发展、环境保护四大领域,标志着成都市全面启动"负面清单"管理模式改革,比全国统一实行的步伐提前了4年。

目前,成都已经全面实施准入前国民待遇加负面清单管理,确保"一单尽列、单外无单",完善市场准入"负面清单+告知承诺"制度,落实公平竞争审查制度,全面清理规范负面清单之外违规设立的市场准入许可、准入环节违规设置的隐形门槛、清单之外违规制定的其他形式的负面清单,确保"非禁即入"普遍落实。同时,推动市场准入负面清单事项与现有行政审批流程动态衔接,[①]对负面清单之外的领域按照内外资一致原则实施管理。

在行业开放条件方面,成都继续放宽服务业准入。清理服务业准入政策规定,最大限度取消和下放服务业审批事项,推进全国服务业综合改革试点和全国旅游综合改革试点,鼓励和引导各类资本投向服务业。2021年5月,《成都市人民政府关于进一步促进高水平利用外资的若干意见》出台,明确提出相关服务业开放的细则。例如:支持国外知名金融机构来蓉设立金融租赁、消费金融等银行业金融机构,支持设立外资控股或参股的证券公司、基金管理公司。积极引进符合条件的外资金融机构在蓉设立全国或区域总部,支持在蓉外资金融机构引入功能性机构。支持外资通过设立天使投资基金、股权投资基金等方式,参与企业上市培育、并购重组。推动企业发行外债,鼓励企业利用债务融资工具、项目投资、境外上市等方式"走出去"。探索建设"一带一路"金融服务中心,争取设立人民币国际投贷基金、"一带一路"风险管理中心。这将有利于推动成都建设西部金融中心目标的实现。

---

① 《四川"放管服"再出"大招" 政务事项100%可网上申请》,《成都商报》2019年6月24日。

二 促进投资便利，打造产业和创新优势

作为中国最具外资吸引力的城市之一，成都有着得天独厚的发展资源和优势，加上四川省的人力资源充足，科教资源丰富，人才汇聚力强，所以大多数世界500强企业如果想要在西部投资，首选的城市非常可能是成都。对照2018年《财富》杂志发布的世界500强企业排行榜，成都市投促委梳理出已在蓉落户的世界500强企业有285家，其中境外企业198家，境内企业87家。截至2020年11月，落户在成都的世界500强企业已经达到364家，成都是中西部地区世界500强区域总部最密集的城市。这些实力雄厚的跨国公司入驻成都，为成都的优势产业竞争力以及未来创新发展潜力的提升，打下了坚实的基础。

成都在"加快形成一批过千亿、过五千亿、过万亿的世界级现代化产业集群"[①]的目标下勾勒出路线图，配合推出相应的招商引资战略，吸引外资落地相关产业。通过一系列的投资便利政策，鼓励外资入驻，特别鼓励外资投入重点行业和领域，具体概括为以下几点。[②]

（1）加快推进新能源汽车、商用车等先进制造业领域开放，鼓励和支持外商投资成都市"5+5+1"重点产业领域，推出一批5G基站建设、城市轨道交通、人工智能、工业互联网等新基建和国企混改等优质资源，吸引外商投资合作。重点落实银行、保险、证券、融资租赁、商业保理等领域的进一步开放政策。

（2）支持跨境资本投资便利化。在全市范围内推广资本项目收入支付便利化改革，支持外资企业扩大人民币跨境使用，简化部分资本项目业务登记管理。支持外资企业自主选择借用外债模式，降低融资成本。鼓励外资企业资本金依法用于境内股权投资。鼓励符合条件的企业参与跨国公司

---

① 2018年7月，中共成都市委十三届三次全会颁布的《成都市高质量现代化产业体系建设改革攻坚计划》中提出。

② 根据《成都市促进外资外贸稳定发展行动方案（2020—2022年）》整理。

跨境资金集中运营管理。

（3）为提高吸引外资的质量，助力成都市科技创新能力的提升，完善跨国公司地区总部认定条件和支持政策，推动跨国公司在蓉设立在华区域总部或功能型总部机构，强化人才落户、租购住房、子女就学等全要素的服务支撑，打造国际化标准的外资总部产业链和生态圈。

（4）推进中国（四川）自由贸易试验区成都片区（以下简称自贸试验区）投资自由化、便利化，鼓励自贸试验区在法定权限内制定外商投资促进政策，加大项目招引力度。支持四川天府新区、成都东部新区、成都高新区、成都经开区、成都国际铁路港经开区发挥产业优势和制度优势，深化开放各领域制度创新探索，优化开发建设主体和运营主体管理机制，提高吸引外资质量。

（5）推出一系列吸引外商投资的优惠和奖励政策。对当年外商直接投资5000万美元及以上的新设项目、增资项目（不含房地产、金融业项目），符合项目申报条件的，按其当年外商直接投资金额的2%进行奖励，单个项目年度奖励金额最高1000万元人民币。对新引进符合成都市产业发展方向的国际中小企业，符合项目申报条件的，按照政策规定，最高给予500万元人民币的资金奖励。对成功引进项目的中介及机构，最高给予150万元人民币的资金奖励。所需资金由市、区（市）县两级按比例承担。

三　扩大贸易自由，促进外贸高速高质量发展

虽然在2008年国际金融危机后，美欧等发达国家转向贸易保护主义，国际贸易摩擦增多并升级，但是贸易自由化的历史大趋势并没有改变，中国在贸易自由化的道路上正在探索一条新的模式。

2016年国务院决定新设立的七个自贸试验区中，四川内陆自贸试验区最为亮眼。作为西部开放高地、交通枢纽和国际辐射中心的成都则当仁不让地成为四川自贸区建设的核心，并充分发挥了航空和铁路对外通道枢纽

的优势。[1]

成都在自贸区建设方面的经验可以概括为"两个亮点，四大优势，一个准备"。[2] "两个亮点"，一是结构有亮点，即成都经济基本面优势与区位优势。二是技术要素有亮点，即成都雄厚的创新优势与产业优势。"一个准备"则是充分的政策与制度准备，成都市政府率先做到简政放权，是全国保留行政审批数量最少的城市之一。

对于稳定和促进外贸的发展，成都推出了以下更加具体的措施。[3]

（1）拓展主要目标市场。重点支持成都市外贸企业大力开拓东盟、欧洲、日韩等进出口主要市场，针对企业参加上述目标市场的大型综合性和专业展会，对参展企业的展位费给予90%支持，按照展位数给予1个标准展位2人的人员补贴（每家企业最多给予6人的人员补贴），对展品运输费用、通关及检验检疫费用全额补贴。同时推广数字展会，指导外贸企业积极参加网上广交会，对企业开展数字化营销给予支持。

（2）加快推进线上营销网络建设。支持搭建国际营销公共服务平台，为全市企业提供优质便捷国际营销通道。支持企业通过国际知名搜索引擎、社交媒体、视频网站、国际主流电商平台等互联网工具，开展品牌推广和国际营销，给予推广及营销费补贴。

（3）壮大对外贸易企业主体。聚焦产业功能区建设，加快明确一批跟产业结合紧密、强链补链作用明显的目标企业精准招引，推动具有公共创新赋能功能的国际研发机构等创新平台在蓉落地建设。全面执行国家出台的税收优惠政策和援企稳岗政策，稳定现有存量外贸企业主体，推动传统生产制造企业、内贸企业自主开展外贸业务并尽快实现进出口实绩。

---

[1] 中国（四川）自由贸易试验区成立于2017年3月，整体分为成都、泸州两个部分，涵盖三个片区：中国（四川）自由贸易试验区成都天府新区片区，中国（四川）自由贸易试验区成都青白江铁路港片区，中国（四川）自由贸易试验区川南临港片区，总面积119.99平方公里。

[2] 张建平、韩旭:《把握"成都优势" 全面建设四川自贸区》,《先锋》2016年第12期，第22—24页。

[3] 参见《成都市促进外资外贸稳定发展行动方案（2020—2022年）》。

（4）强化对外贸企业的服务。搭建全市出口信用保险统保平台，扩大保单融资规模，创新保单融资模式，鼓励企业通过投保进口预付款保险，识别和化解风险。进一步优化出口退税服务，外贸企业一个月可多次申报退税，加强政策和管理服务，开展事前退税辅导。

四　改革商事制度，优化营商环境

成都大力实施"全域开放"战略，逐步构建系统完备的对外开放法规政策体系、便利自由的贸易投资环境体系、公正严明的涉外法律执行体系以及保障有力的涉外法治服务体系，营造市场化、国际化、法治化营商环境，为经济高质量发展提供法治保障。

2019年1月16日，成都市市场监督管理局召开干部大会暨揭牌仪式，标志着成都市市场监管体制改革迈出了实质性、关键性的第一步，全市市场监管事业迈入了新时代。近年来，成都市持续深化商事制度改革，深入推进"证照分离"，深化并联审批、证照联办、政银合作，全面推行企业名称自主申报，积极开展企业登记实名认证试点，不断完善市场主体简易注销登记制度；优化市场监管政务服务水平，全面推进全程电子化网上登记，所有涉企事项网上可办率提高至95%以上，办理时限压缩30%以上；精准施策推动市场主体发展壮大，积极服务民营经济健康发展。[①]

2020年7月，成都市人民政府办公厅印发《成都市2020年深化"放管服"改革优化营商环境工作要点的通知》，进一步明确规定了商事制度改革的具体举措。（1）持续推进"证照分离"改革。推动深化中国（四川）自由贸易试验区"证照分离"改革全覆盖，2020年底前在全市对所有涉企经营许可实现"证照分离"改革全覆盖。（2）压减企业开办时间和成本。完善企业开办"一窗通"平台服务功能，推广智能终端"营商通"手机应用程序，实现企业登记、刻制公章、首次申领发票、职工参保登记等

---

① 《成都将进一步扩大商事制度改革　深化"品质成都"建设》，2019年4月17日，四川新闻网。

事项线上"一表填报"、一次实名验证，线下"一个窗口"领取全部材料，2020年底前将全市企业开办时间压减至0.5个工作日以内。探索将住房公积金缴存登记纳入企业开办增值服务。鼓励提供免费寄递等服务，推动企业开办"零成本"。拓展电子营业执照应用范围，将电子营业执照作为企业开办、银行开户等业务的合法有效身份证明和电子签名手段。

2020年，四川在全国率先开展对外开放法治示范区创建，计划用3年时间打造5个对外开放法治示范区（成都、绵阳、遂宁、眉山、资阳），并按照"一年见成效、两年出经验、三年达目标"的要求，完善创建实施方案，确保2023年底前建成示范区。成都作为全省首批对外开放法制示范区试点创建单位，将有望在管理模式创新、促进贸易投资便利化、法治服务保障、参与国际规则塑造等方面为全面深化改革和扩大开放探索新途径、积累新经验，并向全国复制推广。

五 强化五外联动，提升营商环境国际化水平

国内外开放城市的先进经验表明，营商环境建设，国际化是目标、市场化是基础、法治化是保障、便利化是重点。成都着力实现"五外"部门从涉外工作的简单"相加"向真正"相融"转变，全面优化"大外事"工作格局。充分发挥全市外事资源优势，加快国际资源聚集转化，推动外事、外资、外经、外贸、外宣"五外"联动，深度融合，不断提升营商环境国际化水平。[①]市委外事办紧抓历史机遇，遵循发展大势，牢固树立"大外事"理念，全力整合全市涉外力量，主动服务"一带一路"和成渝地区双城经济圈建设，进一步构建成都立体全面开放新态势，为实现经济社会发展目标提供强劲的外事动能。

成都将主动对接承办国家层级外交事务，积极承办申办国际重要会议或活动，融入国家级平台，推动成都在国际舞台充分亮相，并以服务第31

---

① 来源：《成都市委外事办：积极推动"五外"深度融合 不断提升营商环境国际化水平》，《成都日报》2019年2月14日。

届世界大学生夏季运动会等重大国际活动为契机，加快建设国际对外交往中心，提升国际会议会展功能，不断增强国际交往承载能力，力争在服务和推动全市经济社会发展、国际化城市建设、对外开放大局的实践中实现新的突破，以城市外交推进城市发展。

第二节
夯实高能级双向开放平台

平台，是指进行某项工作所需要的环境或条件，即指承担某项工作的载体区域。对外开放平台指的就是对外开放工作中所承担对外开放战略的载体区域。[①]比如对外开放中发挥载体区域的航空铁路口岸、自由贸易试验区、经济开发区就是最典型的开放平台，此外还有很多形式的对外开放平台，比如常设的国际论坛、国际会展等。

一　建设以综保区为核心的口岸开放平台

拥有功能完善的对外开放口岸将对地方发展对外贸易、吸引外来投资和促进就业提供强有力的支撑作用，口岸与城市经济的互动发展已经成为经济发展新的增长点。而综合保税区是我国目前开放层次最高、优惠政策最多、功能最齐全、手续最简化的特殊开放区域。

2020年，成都高新西园综合保税区通过验收评审，成都国际铁路港综合保税区建成并通过预验收，成都双流国际机场进口肉类指定监管场地投运；2020年1—10月，高新综合保税区、铁路保税物流中心（B型）进出口总额4524.98亿元、204.5亿元，分居全国同类第一。

---

① 张帆：《关于河北省进一步扩大对外开放进程中开放平台建设路径探析》，《智库时代》2019年第8期，第13—14页。

成都双流机场口岸采取了"空港+综合保税区",构建产业生态圈的创新模式。成都空港聚集了种苗、药品、冰鲜、食用水生动物和水果指定口岸,成为中西部空运指定口岸门类最齐全、设施最完备的区域。双流也逐渐成为西部进境指定口岸商品航空集散中心。

成都高新综合保税区于2011年正式封关运行,集保税出口、保税物流、口岸功能于一身,在高新综保区范围内布局了5大中心产业:加工制造中心、检测维修中心、研发设计中心、物流分拨中心以及销售服务中心。目前已有英特尔、富士康、德州仪器、戴尔、莫仕连接器等50多家企业入驻,形成由IC设计、晶圆制造、封装测试及配套项目组成的较为完整的集成电路产业链,打造出在全球市场拥有一席之地的IT产业集群。

成都高新综合保税区进出口贸易快速增长,进出口总额从2014年的1982.3亿元增长到2020年的5491.7亿元,特别是2017年以来,综保区进出口总额年增长率保持在25%以上,即使在2020年新冠肺炎疫情冲击下也保持着高速增长,成都高新综合保税区开放平台的能级正在快速提升。

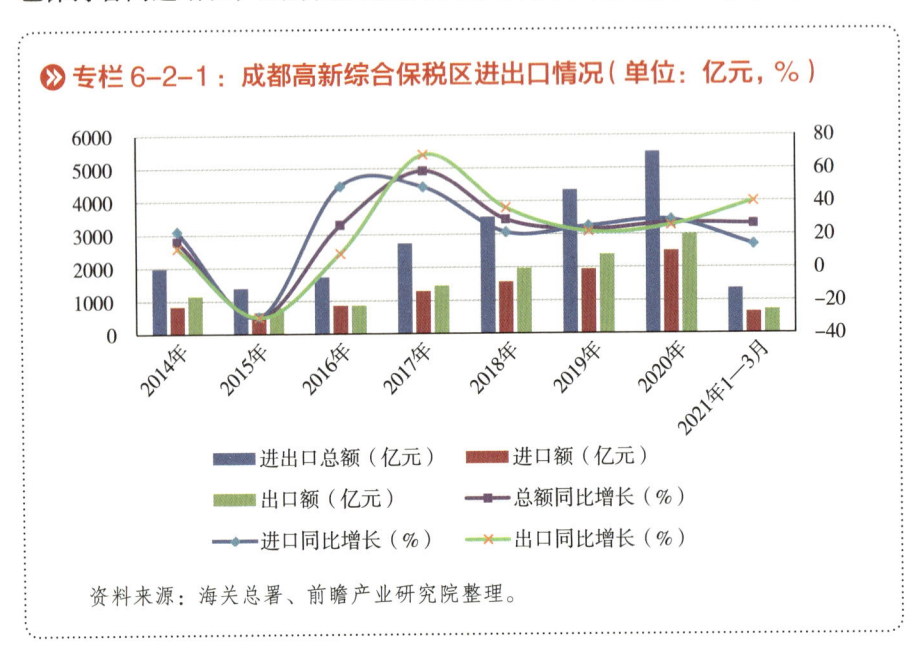

>> **专栏6-2-1:成都高新综合保税区进出口情况(单位:亿元,%)**

资料来源:海关总署、前瞻产业研究院整理。

(1)航空发动机保税维修基地,是成都高新综合保税区(也称双流综保区)最具特色的产业。飞机发动机维修具有高附加值和高技术含量的特点,是航空维修产业的核心部分。中华人民共和国商务部于2017年12月28日批复同意四川国际在高新综保区开展境内外民用航空发动机保税维修业务。实现了境内、境外航空发动机维修"双向并举"局面,彻底打破了长期以来航空发动机维修"香港一日游"的局面,大大降低了成本。保税区的税费优势,也让航空维修基地的竞争力大大提高。新厂区一期工程可承接300台航空发动机的维修任务,可创造50多亿元人民币的年产值;二期工程完工后可承接600台,将成为亚洲最大的、具有全球竞争力的航空发动机保税维修基地。[①]立足于成都双流机场航空枢纽,以航空产业为主导产业,构建涵盖航空制造、维修、培训、服务等于一体的产业生态圈。航空制造维修方面,双流正依托中商飞大飞机示范产业园,打造全国国产民机维修基地。同时借助"综保区+空侧"资源,发展飞机存储升级、客改货、拆解及整机再交易等产业链,抢占全球飞机再利用价值链核心环节。

(2)跨境电子商务更是让地球变成一个村,让消费者在消费时跨越了国界。2016年9月1日,双流综保区第一家跨境电子商务O2O体验中心在综保区进出口商品展销中心正式营业,从此成都又多了一个对外开放的平台。截至2019年底,成都市共有1007家跨境电商备案企业,并由此带动了近2000家传统企业投入跨境电商的怀抱。[②]跨境电子商务成为新的经济增长点,2020年成都跨境电子交易额达到435.8亿元,较上年增长115.2%。

(3)制度和流程创新。成都综保区如今已成功率先复制上海自贸区海关监管制度和审批改革,避免审批时滞,优化备案程序,强化海关功能,完善事中事后监管制度,极大地提高国际物流效率,降低出入关与运输成本。双流航枢委通过优化通关流程,让货物通关成本降了一半。成都高新综保区率先上线研发出"区内物流配送货物备案清单自动运抵触发"系统

---

① 张微微:《"空港+综保区":构建产业生态圈》,《四川党的建设》2018年第2期,第30—31页。

② 数据来源:https://www.ikjzd.com/articles/114861。

模块。该系统上线运行后，综保区货物进口、出口通关时间缩短，大大提高了通关效率。口岸通关服务效能不断增强，2020年，获批中欧班列全国运邮试点城市；"单一窗口"三大主要业务覆盖率达100%，大力推行"互联网+海关"、电子口岸等平台，实现各类业务线上办理；持续实施成都航空口岸"7×24小时"通关和铁路、公路口岸"7×24小时"预约通关。

二 打造以国别合作园区为核心的产业开放平台

不同的国家和城市具有各自的比较优势，成都在对外合作中注重深度挖掘不同国家的产业优势与成都的互补合作机会，大力发展中外合作园区建设，先后推进中法、中德、新川、中意、中韩、中日等国别合作园区载体建设，寻求国际合作项目。目前成都已设立了中法生态园、中德（蒲江）中小企业合作园、中韩创新创业园、中古生物产业园、中日（成都）地方发展合作示范区等若干中外合作产业园，初步形成了对外合作开放的重要产业支撑平台。2020年，成都市国别合作园区新增入园企业共计456家，实现总产值431.4亿元，完成固定资产投资284.2亿元，外商投资实际到位15.1亿元，进出口总额1.96亿美元。

中外合作园区根据各自的发展基础和条件，明确差异化的合作方式和发展目标，为各园区中外合作方向提供明确的指引。2020年，中日（成都）地方发展合作示范区已签约7&i集团全球BPO项目、日本博报堂集团DAC西南总部及亚太创新中心、A8数字音乐基地等项目。中法园区华录数字视听文化创意产业基地等重大项目签约落地；中德园区签约引进德国泽立超声刀研发生产基地等46个项目，累计入驻企业220余家；新川园区引进百度智能驾驶、快手直播电商全国总部等头部企业重点项目；中意园区签约落地天府影都一期项目、天府5G数字创意谷等11个文创项目，吸引文创企业累计注册213家；中韩园区新增注册韩资以及中韩合资企业10家，累计入驻企业76家；中日园区引进国际动漫研究院等12个中日示范项目。

专栏 6-2-2：成都中法生态园站上"东进"风口

成都中法生态园是依据中法两国元首见证签署的《关于生态园区经贸合作的谅解备忘录》设立的国别合作园区，园区于2017年4月正式揭牌，最初以神龙项目为核心，初步规划面积22.3平方公里，工业投资已超过63亿元。园区已有东风神龙汽车等百亿元项目投产以及新能源汽车、清洁能源等高新技术企业入驻，充分体现出龙泉驿区先进汽车智造区的产业优势。

伴随成都东进及大运会的机遇，龙泉驿区站上"风口"，区域内多板块搭乘红利发展可谓一日千里，中法生态园区调整规划提升园区的能级。园区最新规划面积约131平方公里，总投资超过260亿元，规划建设东安新城、中央绿芯及智能网联产业发展基地三个板块。其中，东安新城板块是成都城市"东进"的核心区域，是第31届世界大学生夏季运动会开闭幕式和主要赛事举办地，也是园区规划建设的核心起步区；中央绿芯板块规划建设锦绣天府综合开发项目，将全面打造以天府文化为魂，以农业为本底，"农业+"为多元化发展模式的都市田园、乡村公园；智能网联产业发展基地板块，重点发展5G、车联网、大数据、人工智能等产业，构建智能网联汽车产业集群，打造国内领先的智能网联汽车产业创新发展高地。

中法生态园以"促进产业多元共兴，补齐城市功能短板"为功能定位，围绕新基建、新经济、总部经济和"服务+""体育+""生态+"产业等重点领域，努力打造"对外交往新窗口、绿色低碳新典范、赛事名城新引擎"。

2021年4月2日，由人民日报社指导、《环球时报》社主办的首届环球城市招商引资推介大会暨2020中国城市投资吸引力指数发布会在北京举行，成都中法生态园获得"2020十大投资吸引力园区"。

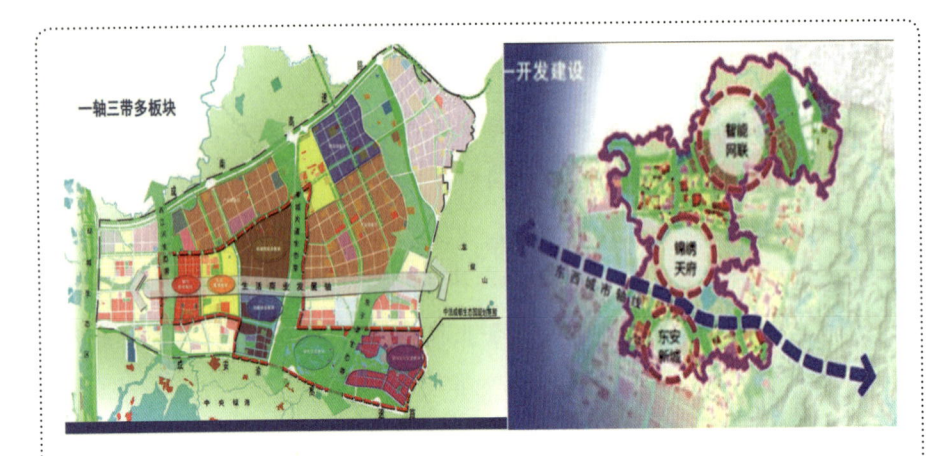

> **专栏 6-2-3：中日（成都）城市建设和现代服务业开放合作示范项目**

2020 年 5 月，中日（成都）地方发展合作示范区挂牌成立，以成都为试点，聚焦文化创意产业，积极打造中日"文化+"合作示范高地。

2020 年 11 月 19 日，成都举行"中日（成都）城市建设与现代服务业开放合作示范项目合作推介暨集中签约活动"，一批重量级投资项目集中签约落地，多个优质的招商项目也将对外发布。成都市与日方相关企业、机构达成 28 项合作协议，包括 2 个 50 亿元级项目、2 个 20 亿元级项目、3 个 10 亿元级项目和 4 个 5 亿元级项目。其中，日本三菱重工中日数字低碳城市科技创新中心、日本 Mikihouse 中国区总部、国际动漫研究院项目、成都（日本）动漫创意产业中心等 15 个项目现场集中签约，计划投资总额 204.5 亿元。

资料来源：封面新闻。

三 升级以经开区为核心的产能合作平台

中国积极倡导的国际产能合作，已成为对外开放合作的"新名片"。成都市在开展国际产能合作方面取得了丰硕成果，积累了丰富而宝贵的案例经验。近年来，成都以西博会为契机开展与南亚和东南亚地区产能合作对话会，在了解这些国家产能需求的基础上，促成本地企业对外投资，进行国际产能合作，鼓励本市企业走出去设立跨境经济开发区，成为实践国际产能合作的核心载体。结合成都电子信息、汽车、轨道交通以及服务业等优势产业，重点瞄准"一带一路"基础设施建设、对外商贸服务等领域，引导企业在"一带一路"沿线国家投资布局一批重大项目，全面提升成都与"一带一路"沿线国家经贸合作水平。

（1）积极与南亚、东南亚地区开展产能合作。作为西博会重要专项活动之一，从2016年开始，成都成功举办了两届"南亚产能合作（成都）对话会"。2016年的对话会邀请了来自印度、孟加拉国、缅甸、尼泊尔、斯里兰卡、老挝、柬埔寨、巴基斯坦等国官员及城市代表参会。活动现场，成都的农业、能源、制造、建筑、IT、医药、旅游、金融服务等优势企业，与参会的各国代表进行了深度对接，签订了一大批重点合作项目协议。此次会议建立的"项目数据库"，收集到了南亚及东南亚各国有强烈投资需求的重点项目60余个，为成都企业开拓南亚及东南亚市场，转移成都富余产能提供了重要参考，挖掘了潜在商机。例如：四川安吉瑞科技发展有限公司与斯里兰卡国家食品促进委员会签订共建农业产业园区合作协议；四川诚易天下商贸有限公司与老挝工贸部签订共建十万亩农业园区合作协议；川开实业集团有限公司与尼中贸易投资促进中心签订共建节能环保产业园区合作协议；八益（柬埔寨）投资贸易有限公司与四川省家具行业商会共建柬埔寨金边中柬商贸城产业园区合作协议；中微小（成都）投资有限公司与四川省家具进出口商会签订共建印度中国工业园合作协议。对话会现场达成的意向性合作协议金额超过120亿元。[①]

> **专栏6-2-4：2018年南亚（泛亚）产能合作（成都）对话会**
>
> 2018年9月17日，作为第十七届西博会的活动之一，2018年南亚（泛亚）产能合作（成都）对话会举行，吸引了南亚、东南亚十余

---

① 数据资料来源：界面新闻。

国近百名外宾齐聚蓉城，寻找合作商机。本届对话会以"深化南向合作 推动共同繁荣"为主题，邀请了南亚、东南亚近年来最大代表团赴蓉，与我市相关政府代表、企业代表等就成都"南向开放"新形势下的合作机遇进行探讨。

此次对话也是西博会"一带一路"系列活动之一。本届对话会共签订17个重点合作项目，项目合同金额达18.6亿元；"一对一"项目洽谈达成合作意向50余个。促成本市企业与南亚、东南亚地区在基础设施建设、能源、航空、农业、信息技术、商贸等领域进一步深化了经贸合作关系。

（2）升级以经开区为核心的双向国际产能合作平台。中法园区在巴黎挂牌设立成都中法生态园驻法国投资促进服务中心，加强与法国知名企业联系，拓展园区对外项目招引渠道；中德园区继续推进中欧（成都）跨国采购平台建设，强势链接中欧资源，吸引空客等世界500强企业和德国汉高等德国隐形冠军企业入驻平台，引入"陈志军首席大师工作室"，加入"成渝地区双城经济圈产教融合发展联盟"；中意园区搭建了清华大学中意创新基地、中国意大利商会、欧洲对华关系促进会、意中基金会等平台；新川园区主动拓展与新加坡国际企业发展局等商协会组织合作关系，加强中新双方在技术创新、经贸、投资等领域交流合作。

成都企业"走出去"呈现稳步增长态势，2019年共有9个境外投资项目进行了备案，总投资额2586.25万美元，主要涉及食品加工、物流园区、生态环境、口岸建设等领域。投资目的国主要分布在中国香港、蒙古国、俄罗斯、越南、新加坡及美国。其中，以中缅粮食产业示范园区、中柬商贸园区、印度中国工业园等为代表的境外经贸园区项目正在加快建设，成为成都企业参与和融入"一带一路"建设的重要载体和平台。

随着"走出去"发展战略的深入实施，成都对外经济合作水平不断提升，以新希望、通威集团为代表的民营企业通过海外并购、技术合作等形式"走出去"，不断取得新突破。成都的大型企业近年来不断开拓对外承包工程项目。除东方电气、四川公路桥梁在澳大利亚、挪威、瑞典等地项目外，其余对外承包工程均在"一带一路"沿线，其中，2020年新签合同额排名前5的国家分别是印度尼西亚、厄瓜多尔、加纳、坦桑尼亚、土库曼斯坦，完成营业额排名前5的国家分别是老挝、埃及、巴基斯坦、印度尼西亚、厄瓜多尔。

（3）成都创新国际产能合作机制，出台了多项支持政策。《中国（四川）自由贸易试验区总体方案》规定，对一般性境外投资项目和设立企业实行备案制。为企业对外投资提供高效优质的金融支持和服务保障。鼓励地方政府引入社会资本在自贸试验区内设立境内机构投资者投资基金和境外合作基金。提高办理境外资产评估和抵押处置手续便利化程度。探索开展知识产权、股权、探矿权、采矿权、应收账款、订单、出口退税等抵质押融资业务。推动企业用好"内保外贷"等政策，开展企业"走出去"综合性金融创新服务。加快"中国标准"国际化推广，积极开展与主要贸易国别标准的比对，推动认证认可结果与主要贸易投资合作国家（地区）双向互认。加强与港澳在项目对接、投资拓展、信息交流、人才培训等方面交流合作，共同赴境外开展基础设施建设和能源资源等合作。

第三节

构筑国际交往平台

成都自古以来就是一个开放性、包容性极强的城市，从"湖广填四川"到如今的全球开放门户，拥有全球广泛朋友圈的成都成为一座"来了就不想走的城市"，拥有强大的城市魅力和吸引力。中华民族有着深远的历史渊源、深厚的文化根基，正以改革开放的姿态继续走向未来。成都顺应民族复兴大势、树立融入世界的雄心，积极参与全球城市合作，推动开放浪潮。

国际友城和友好合作关系城市共计 104 个，成都国际"朋友圈"急速扩容；20 个国家获批在成都设立领事机构，成都当之无愧地成为世界各国在中国西部设领的首选之地；"PANDA 成都"系列品牌活动沿着"一带一路"深入传播天府文化，在全球掀起最炫"成都风"。[①]

一 打造国际人文交流中心

2018 年，成都正式启动"三城三都"建设，三年来取得了优异的成绩。首先，成都新增了许多地标性建筑，比如高新体育中心、成都城市音乐厅、成都露天音乐公园、天府国际会议中心等。事实上这只是"三城三都"三年建设成绩的一部分，更多的"成绩"已转化为成都人都能感知到的实实在在的幸福感，[②] 这种幸福感来自方方面面。围绕"三城三都"建设目标，成都举办了丰富的国际人文交流活动，大大提升了城市国际知名度，并实现了产业融合集聚的效应。

（一）世界文创名城

2020 年，成都实现文创产业增加值 1805.9 亿元，较 2017 年增长 127.8%，占 GDP 比重首次突破 10%；文创园区面积达 844 万平方米，文创街区 194 条、文创镇（村）55 个、文创空间 1897 个。文创产业已经成为成都极具活力的新兴产业。

（1）世界文化名城论坛·天府论坛。世界文化名城论坛成立于 2012 年，由伦敦市政府发起，由全球 38 个城市组成，包括伦敦、纽约、巴黎、悉尼、罗马、香港、上海、东京、米兰等。天府论坛是在四川省政府支持下，由川商总会主办，国内外知名企业家、政商学界积极参与，共同打造的中

---

① 《推进"五外"联动发展 全面优化"大外事"工作格局》，《成都日报》2020 年 1 月 9 日。
② 《"三城三都"成都收获了什么？》，腾讯新闻（https://new.qq.com/omn/20210408/20210408A09C3R00.html）。

国西部标志性经济交流活动。自2018年开始已经成功举办3届，论坛旨在探讨当前经济形势、分享商业领先经验，聚焦商界领袖商业智慧，搭建一个了解中国、了解西部、了解四川的对话平台和窗口，专注提升四川乃至中国西部在全球经济发展中的影响力，成为中国西部一张全新的经济文化名片。

> **专栏6-3-1：世界文化名城论坛·天府论坛**
>
> 在世界文化名城论坛·天府论坛上，成都张开双臂热情盛邀四海宾朋，展现天府之国及文创之都的文化底蕴和魅力。来自全球世界文化名城论坛成员城市和"一带一路"沿线重要节点城市的代表，国内外知名文创机构代表以及文化名人齐聚成都，共同探讨文化发展与城市机遇。此论坛在国内外引起了媒体和公众的广泛关注，并且已经产生出诸多新理念和新事物，比如艺术金融创新在伦敦、成都、上海等城市快速发展。
>
> 2018年第一届天府论坛，来自全球22个国家的22个世界文化名城论坛成员城市、9个"一带一路"沿线重要节点城市的代表，和近400名国内外知名文创机构代表以及文化名人齐聚成都。
>
> 2019年第二届天府论坛，来自全世界32个国家、21个世界文化名城论坛成员城市和11个"一带一路"沿线城市的代表，全国人大、四川省、成都市和成都高新区等相关部门负责人，以及故宫博物院、清华大学、北京大学等嘉宾300余人出席活动。
>
> 2020年第三届天府论坛，以"从文化空间到城市认同"为主题，包括文化遗产与城市发展沙龙、时尚创意设计与城市空间沙龙、中欧文旅创新发展（成都）峰会等精彩活动。

（2）打造文创产业交易平台。2018年，成都在锦江、双流两地建成专门国际性艺术品保税交易平台——"成都文化艺术品保税仓库"，争取在条件不断成熟完善后积极向海关和外汇管理部门申报，最终建成文化保税园区，形成集艺术品保税展示、仓储、交易、物流、担保、租赁、税收、金融等全产业链的国际化综合服务运营平台，为西部与国际高品质艺术文化交流提供了重要窗口。2019年和2020年，两次成功举办成都国际数字版权交易博览会。邀请到国内各级领导及行业重要嘉宾、世界知识产权组织及"一带一路"版权国际论坛嘉宾，以及参展企业300家以上、参展产品2000款以上、中外媒体累计1000家以上进行了报道。2020年7月成都举办了"艺术金融高峰论坛"，同时发布了《2020成都艺术金融年度报告》，深度分析艺术金融市场前景与趋势，艺术金融的发展潜力引发越来越多的金融机构关注。为用金融"撬动"艺术品市场，让艺术品线上交易实现快速发展，2020年，推出艺术品线上交易平台"艺术之库"。该平台每月销售额快速递增，上线半年销售额累计近3000万元。

（3）与时俱进拥抱融媒体，提升文创之都的国际形象。网络数字新媒体传播形式表现亮眼，已经与传统媒体紧密融合。成都紧跟时代发展的潮流，丰富特色传播平台，建立与国际主流媒体、中央权威媒体、行业专业媒体的沟通交流机制，建强市级媒体国际传播矩阵，全新上线"ChengDu Plus"品牌，通过YouTube、Facebook等全球主流新媒体平台和凤凰卫视欧洲台、凤凰卫视美洲台等海外电视平台覆盖全球148个国家和地区的十亿海外观众。

制作《有一种生活美学叫成都》全英文城市短视频（熊猫篇、美食篇、历史文化篇），以国际化视角，全英文解说，展示"天府之国"4500年的历史文化，"熊猫之乡"的和谐生态和秀美山川，世界美食之都的人间烟火。经过20余个驻外文化交流机构进行推广，该系列短片获得大量国际知名人士点赞传播，在国际社交媒体覆盖人数超过1.5亿人。

（4）深度挖掘文化元素，举办多种国际文化交流活动。举办文化创意与世界城市崛起2018环球盛事成都峰会；召开成都·蓬皮杜"全球都市"国际艺术双年展；举办国际书店论坛；举办"中日合资·成都有约"文教旅游主题沙龙（上海）等多场主题活动。

（二）世界旅游名城

成都拥有得天独厚的旅游资源，既有秀丽的自然景观，繁华的都市，古朴的小镇，也有悠久的文化历史资源，比如都江堰和青城山作为世界文化遗产闻名遐迩。成都全市 4A 及以上景区达 50 家，国际品牌酒店 75 家，旅游民宿超过 4300 家，都江堰市、崇州市、锦江区获评国家全域旅游示范区，都江堰天府青城康养休闲旅游度假区获批国家级旅游度假区，战旗村、明月村等 9 个村获评全国乡村旅游重点村。成都还打造了"新旅游·潮成都"主题旅游目的地 180 个、A 级林盘景区 75 个、周末经济主题点位 12 类、夜间经济示范点 100 个。成都正积极推进中旅熊猫免税度假区建设，将打造成以多元文娱购物为主业态的世界级商业综合体。

成都旅游产业发展迅速，吸引了全球和国内众多游客。2019 年成都旅游总收入 4663.5 亿元，接待游客 2.8 亿人次，分别较 2017 年增长 53.7%、33.3%。2020 年虽受新冠肺炎疫情影响，仍实现旅游总收入 3005.18 亿元、接待游客 2.04 亿人次。[①]2021 年春节黄金周成都接待游客人次、旅游收入实现全国"双第一"。近几年在世界经济和全国入境游市场总体低迷的大环境下，成都市入境人次指标一直保持健康增长，被全球第一旅游评论网站猫途鹰评为"中国最受全球旅客欢迎的 10 大旅游目的地"；在万事达卡发布的全球 20 个增长最具活力旅游目的地榜单中，连续两年排名第二；2017 年入选美国《国家地理》杂志评选的"全球 21 个必去旅游目的地城市"。成都世界旅游名城的称号可谓名副其实。

围绕"世界旅游名城"的创建，成都市策划举办的国际交流活动可谓精彩纷呈，从多个视角和主题加深与全球的互动和交流，让世界认识成都、了解成都、喜欢成都。

[①] 《"三城三都"成都收获了什么？》，腾讯新闻（https://new.qq.com/omn/20210408/20210408A09C3R00.html）。

专栏6-3-2："世界旅游名城"国际交流活动（2018—2020年）

时间	活动	主要内容和收获
2018年	中欧旅游年亮灯仪式	与中国旅游研究院、欧中"一带一路"文化旅游发展委员会和欧盟项目创新中心（成都）签署了四方《战略合作框架协议》，与哈萨克斯坦阿拉木图州旅游局签订旅游合作备忘录。
	"世界厨房·成都味道"	赴俄罗斯、匈牙利、捷克东欧三国开展"世界厨房·成都味道"等营销活动。
	"第二届中国—中东欧国家艺术合作论坛成果展演——中国与塞尔维亚文化交流"	有力助推成都市与"一带一路"沿线国家更深层次的文化旅游交流合作。
	赴世界各地进行旅游营销活动	赴美国奥兰多等国际知名旅游城市开展"让世界了解成都"主题营销活动，在全球30个国际旅游目的地城市开展"南方丝路·熊猫之都""锦绣天府·公园成都"等特色营销活动，在美国纽约、法国巴黎等城市建立旅游体验中心，举办熊猫国际旅游节、世界休闲旅游节等品牌节会，持续放大成都声音。
	网络旅游营销活动	开展"千名外宾游成都""'相聚成都 约会熊猫 体验绿道'全球网络直播一小时盛典活动"等主题推介活动，唱响成都声音、发出来自成都的邀请，形成网红旅游城市轰动效应。
2019年	"锦绣成都 南方丝路"活动	组织了7批次赴瑞典、土耳其、美国等10余个国家和地区开展"锦绣成都 南方丝路"等境外旅游品牌推广活动。
	2019中国—中东欧国家音乐周	邀请来自克罗地亚、塞尔维亚等中东欧6国音乐家开展了17场惠民演出和两场音乐大师班活动，惠及近9000名市民群众、50万人次网民。

续表

时间	活动	主要内容和收获
2019年	举办了"第七届成都国际旅游展（CITE）"	吸引了全球约35个国家和地区的500家参展商，为出入境旅游行业者搭建了纯B2B贸易平台。
	2019全球旅行买家聚成都—入境游战略合作伙伴大会	成立了成都入境游战略合作伙伴联盟，启动了"首届国际网络熊猫节（中国·成都）"活动。
	指导协调中日韩首脑参观杜甫草堂	遵照外交部、省文化和旅游厅及市政府工作要求，圆满完成此次参观接待和文化交流活动，得到李克强总理的称赞。
2020年	年初组织多支文化交流团赴多国组开展"欢乐春节"活动	分别赴卢森堡、比利时、老挝、阿尔及利亚、新加坡、佛得角、哥斯达黎加和萨尔瓦多等国家开展"欢乐春节"活动，通过文艺演出、巡游、非遗展示和美食品鉴等丰富多彩的活动形式，增强了成都的国际知名度和美誉度。
	积极开展各类线上文化交流和推广活动	利用Facebook、YouTube、抖音等网络社交媒体平台开展线上"天府文化"传播活动，策划开展了"云·游中国，爱上成都，城市景点推介""云·游中国，国际博物馆日，邀您领略博物四川，多元锦官""博物·四川丨多元·锦官，线上文物展"、成都非遗精品赏析线上教学赏析等线上活动。参加由莫斯科市旅游委员会举办的"莫斯科与中国合作伙伴：合作在旅游领域"线上会议。参加由亚太旅游协会（PATA）组织的2020年PATA线上旅游交易会，宣传推广成都文化旅游。
	开展各类涉外文化交流活动	下半年，积极配合市委宣传部、市外办等部门参与举办了"2020年成都国际青年音乐周""2020年成都欧洲文化季""2020瑞中互动文化活动""光影浮空：欧洲绘画500年"等涉外文化交流活动。

续表

时间	活动	主要内容和收获
2020年	开展"家在成都"系列活动	面向在蓉外籍人士，开展中秋季主题活动和2020年对外汉语及传统文化培训等活动；组织在蓉外籍人士开展包括汉语及传统文化培训、月饼DIY、非遗互动体验及成都文化体验等活动。
	举办第八届成都国际旅游展	国际方面，有冰岛、斯洛伐克、立陶宛、泰国、菲律宾、伊朗、乌干达、津巴布韦、乌拉圭、厄瓜多尔等多个国家使领馆驻华使节和旅游局代表参展。

注：资料来自成都市文化广电旅游局，此表为不完全统计。

（三）世界赛事名城

以赛谋城、活力无限，顶级大赛带动成都国际影响力实现新飞跃。成都获得6个国际体育组织授予的"黄金主办城市""卓越贡献城市"等多项荣誉，2019年成都在SPORTCAL全球赛事影响力城市榜单排名由第89位跃居至第28位，进入全国前三，据2020年《中国城市海外影响力分析报告》，成都国际体育赛事指数排名全国第二。体育产业实现高速发展，2020年，成都体育产业总产值突破800亿元，较2017年增长43.4%。成功入选全国首批国家体育消费试点城市，并举办成都体育消费博览会；召开2020世界赛事名城发展大会暨成都市体育产业大会，成功引入2021中国（西部）国际体育装备及服务贸易大会，获评1个国家级体育产业示范基地、3个国家级体育综合体典型案例、5个国家级体育旅游精品赛事（线路、目的地）。成都市积极策划引进国际高端赛事资源，审慎有序谋划赛事活动，提升赛事管理服务科学化水平，推动赛事市场化、品牌化、集聚化发展。

（1）高起点申办重大赛事。成功申办第31届世界大学生夏季运动会[①]、

[①] 原定于2021年8月在成都举办的第31届世界大学生夏季运动会，因为新冠肺炎疫情的影响，推迟到2022年举办。

2022 年射击世界杯、2022 年世乒赛、2023 年足球亚洲杯、2024 年羽毛球汤尤杯、2025 年世运会等国际重大赛事。可以预见未来 5 年，成都将一次又一次成为世界体育赛事的关注焦点，进一步丰富世界赛事名城内涵。

（2）高标准举办重大赛事。2019 年举办第 18 届世界警察和消防员运动会，连续四届举办成都马拉松，成都马拉松成为首个世界马拉松大满贯候选赛事，举办国际铁人三项世界杯、"熊猫杯"国际青年足球锦标赛、3×3 成都国际篮球挑战赛等重大赛事，为成都世界赛事名城建设奠定了坚实基础。2020 年在国际大型体育赛事停摆、延期的情况下成都勇担重担，创新以线上比赛形式举办中日韩围棋大师赛。

> 专栏 6-3-3：第 18 届世界警察和消防员运动会在成都开幕

注：图片来自中新网。

（四）国际音乐之都

一座城市与音乐紧密相连，是一件多么美妙的事！世界上最著名的音乐之都当数维也纳，但是不仅仅有维也纳，全球很多城市也与音乐紧密相伴，例如英国的格拉斯哥和中国的哈尔滨。而成都，因为拥有深厚的音乐艺术土壤和产业积淀，一直在用各种方式向全世界表达自己的音乐主张。

2020年，成都音乐产业产值达501.71亿元，较2017年增长53.5%。成都已培育打造东郊记忆、成都音乐坊、白鹿、平乐等音乐园区（小镇），全市专业音乐场馆达60个，座位数4.3万座，创新打造的成都街头艺术表演受到国内外广泛关注和借鉴。

（1）搭建国际化音乐文化交流平台。搭建蓉城之秋成都国际音乐季、成都国际友城青年音乐周、"阿拉伯艺术节"中阿音乐论坛、中东欧国家音乐周等音乐文化交流平台。吸引来自美国、德国、意大利、瑞典、新西兰、韩国、日本等40余个国家千余名国内外知名音乐人，包括郎朗、苏菲·珊曼妮、中孝介、小野丽莎等知名艺术家，维也纳皇家交响乐团、意大利不勒斯皇家交响乐团、维也纳童声合唱团、保加利亚索菲亚爱乐乐团、圣彼得堡俄罗斯芭蕾舞剧院等30余个国内外一流演出团体来蓉展演。首次引进举办第八届音乐之都城市大会，吸引了20余个国内外城市约250余个企业（机构）600余人来蓉，包括意大利博洛尼亚副市长、英国上议院音乐社会调查委员会主席、世界合唱比赛组委会代表等重要嘉宾，围绕音乐与生活、产业与城市、人与世界之间的联系，重点围绕音乐如何影响城市进程、音乐产业布局、艺术街区规划、文化商业运作等方面开展演讲与讨论，为探索成都音乐产业国际化发展提供了经验借鉴。连续引进举办3届成都国际音乐（演艺）设施设备博览会，累计汇集国内外互联网音乐、教育培训、乐器音响等参展商600余家，促进成都与国内外重点的音乐演艺设施设备生产企业建立长期合作关系。

（2）赴外参加国际音乐文化交流演出。2017年成都乐团、"东方茉莉"女子国乐团等演出团体受邀赴欧举办专场音乐会；2018年成都乐团赴摩洛哥、迪拜、毛里求斯、首尔等多地开展交流表演，获得当地观众盛赞。2019年成都大学生合唱团赴维也纳参加第10届世界和平合唱节，荣获金奖和最佳现代作品演绎奖；成都美歌者童声合唱团赴瑞士参加2019世界合唱大奖赛暨第四届欧洲合唱比赛，荣获公开赛及大奖赛金奖。

（3）支持国内外知名音乐品牌来蓉举办音乐节。支持 Creamfields 奶油田电音节、草莓音乐节、国际熊猫音乐节、汽车音乐节、仙人掌音乐节、日落春浪电子音乐节、西部音乐节、乐杜鹃音乐节、影响城市之声（成都）国际音乐产业高峰论坛、第十一届柴可夫斯基国际青少年音乐大赛中国预选赛等百余场国内外知名音乐品牌活动在蓉举办；引进百老汇经典音乐剧《猫》《芝加哥》《吉屋出租》《小美人鱼》，意大利歌剧《图兰朵》（原文版），法国原版歌剧《巴黎圣母院》，德国原版绘本启蒙交响音乐会《熊猫绝密计划》，奥地利德语原版音乐剧《茜茜公主》等60余部国外经典音乐剧目来蓉展演。为观众奉上丰盛的音乐艺术盛宴。

（4）加快音乐场馆硬件设施建设。目前，白鹿钻石音乐厅、东来印象大剧院、露天音乐公园室内音乐厅等项目预计年内建成，金沙演艺综合体、成都中演华天艺术中心、大运会文化产业发展剧院、"一带一路"国际艺术中心等设施项目正加紧建设。接下来，成都将重点推进成都交响乐团发展，借鉴国内一流交响乐团运营机制，组建一支三管编制（120名规模以上）的大中型专业交响乐团。将力争在"十四五"时期年均举办各类音乐演艺达2000场。

> **专栏6-3-4：2021年民歌荟萃音乐会在成都城市音乐厅上演**

万平方米，落户全球知名会展企业6家，年营收过亿元的龙头企业5家。

近年来，成都建成了天府国际会议中心、淮州国际会展中心、融创国际会议中心等会展场馆约20万平方米，投运高端会议型酒店39个。三年间，成都累计举办了第八次中日韩领导人会议、"一带一路"上合组织国家会展业圆桌会等重大展会2437场。在国际企业合作方面，6家国际领先知名会展企业来蓉落户。瑞士迈氏、英国英富曼和法国智奥在成都设立独立法人机构或区域总部。①

成都举办了众多大型国际会展，比如：第五届中非民间论坛、2018国际城市可持续发展高层论坛、成都全球创新创业交易会、成都国际医美产业大会暨"医美之都"高峰论坛、亚洲教育论坛年会等，并拥有一些标志性的会展，比如全国糖酒会和中国西部国际博览会等，大量的国际性会展选址成都，成为成都对外开放与合作的重要平台。

> **专栏6-3-6：全国春季糖酒会常驻成都**
>
> 全国糖酒商品交易会自1955年举办首届交易会以来，每年春季和秋季举办两次，是食品行业的一大盛事，吸引了全国各地的糖酒食品行业的企业汇聚于此，春季糖酒会年年落户成都，显示出四川酿酒和食品行业的强大实力，以及成都会展之都的能力。糖酒会因其规模大、效果显著，因而被业界誉为"天下第一大会"。食品工业是我国的一大支柱产业，糖酒会的成效不仅影响商贸业，而且也影响着数量庞大的食品加工业继而影响第一产业。
>
> 糖酒会以前主要是国有企业和集体企业参会，近几年来，已形成多种经济成分竞相参会的格局，特别是境外客商逐渐增多。全国糖酒商品交易会已显露出国际食品博览会的雏形。在当今大数据和互联大潮影响下作为传统与现代结合的产业，全国糖酒会必然有更高规格的

---

① 资料来源：成都发布：《"三城三都"成都收获了什么？》，https://mp.weixin.qq.com/s/aBtWOncfaKmlBaC0I48GDg。

升级和壮大。

> **专栏 6-3-7：中国西部国际博览会常驻成都**

中国西部国际博览会（以下简称西博会），创办于2000年，由国家发改委、商务部、工信部等十余家国家部委及西部12省（市、区）及新疆生产建设兵团共同主办，国务院国资委协办，外交部支持，四川省人民政府承办，永久会址设在成都市。中西博会集"商品展销、经贸交流、招商引资、理论研讨"于一体，秉承西部地区共办共赢的宗旨，已成为加快实施西部大开发战略，开展国际经贸交流合作的重要平台，成为展示中国西部历史文化底蕴、改革开放成果和美好发展前景的重要窗口。

2018年第17届西博会呈现以下亮点：一是首次实行"一城双展"，即分别在中国西部国际博览城国际展览展示中心和成都世纪城新国际会展中心设展。二是参会参展国家（地区）总数和国家馆数量超过历届。据统计，80个国家和地区、国内29个省（区、市）和新疆生产建设兵团、超过100家世界500强企业及知名企业参展，参加企业达6000余家。

> **专栏 6-3-8：成都国际医美产业大会暨"医美之都"高峰论坛**

注：图片来自成都商报客户端。

二 集聚领事机构和国际组织

截至目前，外国获批在蓉设立领事机构达到 20 家，位列全国第三、中西部第一。目前，德国、韩国、泰国、新加坡、法国、巴基斯坦、澳大利亚、以色列、新西兰、波兰、捷克、瑞士、奥地利 13 国驻成都总领事馆正常运行，斯里兰卡驻成都领事馆暂闭馆，菲律宾、印度两国驻成都总领事馆未开馆，美国驻成都总领事馆于 2020 年 7 月 27 日闭馆。尼泊尔于 2020 年 10 月获得同意在成都设立总领事馆，希腊、西班牙也获得同意在成都设立总领馆。

作为目前国内中西部地区拥有外国获批设立领事机构最多的城市，成都市近年来在外事工作方面着力颇多，并提出了优化"大外事"工作格局的理念。"下一步，市委外事办将坚持'党管外事'原则，统筹全市涉外力量，聚集转化外事资源，推进'五外'联动发展，全面优化'大外事'工作格局。"成都要全力转化外事优势资源，持续开展领事官员"区县行""产业行""园区行"活动；举办东部新区推介会，宣传成都东进发展战略和东部新区建设新成果新机遇；完善绘制成都友城产业地图，在友城交往中积极促成经贸合作项目。[1]要全面开展国际交流活动，持续举办"欢乐春节"成都推介活动，打造"PANDA 成都"走世界等品牌活动，联合市级相关部门全球推介"成都制造""成都服务""成都消费"，向世界推广天府文化，助力成都加快建设全国重要的对外交往中心。

三 不断拓展的国际友城网络

凭借强大的综合实力和发展潜力，开放的成都在全球广交朋友，全球多个城市纷纷与成都握手结好，目前成都国际友城和友好合作关系城市达

---

[1] 来源：成都日报成都市委外事办：《全力推进"五外"联动 全面优化"大外事"格局》，2020 年 5 月 15 日。

到 104 个，交流合作成果丰硕。成都加快拓展国际友好城市网络，在北美洲、欧洲、亚洲和"一带一路"沿线均建立了友好城市，并与友好城市之间进行了广泛深入的交流与合作，携手国际友城走向世界。

1981 年，法国蒙彼利埃市成为中国成都市的第一个国际友城，中国与法国的友城交往自此开启，成都与蒙彼利埃签下中法两国第一对友城协议，可见成都的开放意识发端非常早。成都"携手"蒙彼利埃走过 40 年，双方结下了深厚的友谊，创造了中法友谊史上多个第一次：设立欧洲第一个中医大学教育文凭、互办中法交流史上首次以对方城市名命名的学校，设立蒙彼利埃在外唯一一个办事处蒙彼利埃之家。成都与蒙彼利埃的交流合作模式成为成都与欧洲更多友城交往的范例。

2017 年[①]，成都与老挝的琅勃拉邦省缔结友好省市关系，作为挝北部重要的政治、教育和商贸中心，琅勃拉邦农业和传统手工业发达，是老挝的著名旅游胜地。古城琅勃拉邦因其独特的城市布局和保存完好的殖民时期建筑而被联合国教科文组织列入"世界遗产名录"，也是成都市民喜爱的旅游目的地。四川省与老挝的贸易投资增长迅速，成都市核准多家企业在老挝投资，主要涉及矿业、电子、光缆、投资、丝绸等领域。

2018 年，成都与阿根廷的拉普拉塔市和莫桑比克的马普托市分别缔结友好城市。阿根廷的拉普拉塔市历史悠久，距离阿根廷首都布宜诺斯艾利斯市 58 公里，该市金融、教育、文化、体育等产业较为发达。近年来成都与拉普拉塔乃至阿根廷在经贸和文化等领域交流日益密切。目前，双方正在积极推进教育和体育领域的交流与合作。

成都市与马普托市同为世界电子政务组织成员城市。马普托市是莫桑比克共和国首都，该国第一大城市及政治、经济、教育中心，是撒哈拉以南非洲最具活力的城市之一。自 2012 年以来，两市在电子政务、教育文化、创新创业等领域开展了较为频繁的互动交流。

2019 年，成都与澳大利亚的黄金海岸市建立友好城市关系。黄金海岸

---

① 本章关于国际友城正式缔结的时间，来自南充市经济合作和外事局网站公布的《四川省国际友城关系一览表》。

市位于澳大利亚昆士兰州，是澳大利亚第六大城市，旅游、体育、教育、影视、医疗健康等产业都很发达。成都与黄金海岸互动频繁，在教育、经贸、文化、创新创业等多领域开展了一系列交流合作。

2020年4月，成都与美国田纳西州首府纳什维尔市建立友好城市关系。该市拥有180多所音乐演出场馆，音乐从业人口达6万人，产值高达110亿美元，是美国东南地区文化中心、乡村音乐发源地和著名的"音乐之都"。近年来，成都与美国纳什维尔互动频繁，两地在音乐、文化、经贸、旅游等多领域开展了一系列卓有成效的交流合作。

四　发展第三方国际交往组织

非政府间国际组织是由不同国家的社会团体或个人组成的，它与政府间的国际组织相对。这类组织是其成员根据共同的愿望和要求，为解决国际非政治问题或发展某一事业而组成的。非政府间国际组织一般建有常设工作机构。这种组织的活动，对促进各国人民之间的友好往来、增进人民之间的相互了解和友谊，对促进某些国际事务的解决，对国际关系的发展，具有一定的影响和推动作用，作为国际交往的一种形式，在特殊情况下可以解决政府间国际组织难以解决的问题，如国际红十字会、联合国教科文组织、国际奥委会等。

成都充分利用第三方国际组织进行对外交流合作，寻找与其他城市共同的特色与合作机会，同时发挥出成都的历史文化资源等优势。大力发展以成都为基点的第三方国际组织，例如"三城三都"建设中各种论坛、会展以及行业民间组织，把它们作为宣传成都文化，进行对外交流合作的有效平台。成都在教育、艺术、医疗卫生、体育、旅游、创新创业、经贸等领域形成一批可持续的务实项目，借助第三方国际组织与境外城市开展深入合作，全面提升了成都的开放水平和合作质量。例如：成都国际医美产业大会暨医美之都高峰论坛、世界电子政务组织（WeGO）第三届全体大会、友城公务员研修班、成都国际友城青年音乐周和成都全球创新创业交易会等成都市组织的多项国际交流活动。在一场场成都举办的国际盛会上，我们看到了越来越多的外国朋友的身影，成都与国际城市的友好交流合作正不断迈上新台阶。

> **专栏 6-3-9：成都国际友城青年音乐周**
>
> 　　音乐是城市对外开放的优美注解。一年一度的"成都国际友城青年音乐周"已然成为城市盛夏的一道亮丽风景线，音乐周 14 年的发展历程，也是成都国际友城"朋友圈"持续扩容的 14 年。
>
> 　　音乐为媒，来自海内外的青年音乐人在音乐周抒发情感，同台竞技，互鉴交流。"成都国际友城青年音乐周"已成为成都好声音"走出去"的窗口，国际音乐"走进来"的桥梁。
>
> 　　2020 年 8 月 28 日，成都国际友城青年音乐周在成都东郊记忆演艺中心盛大开幕，因受新冠肺炎疫情影响，许多外国嘉宾无法亲临开幕式现场，但是德国波恩、澳大利亚黄金海岸、韩国金泉、美国纳什维尔、莫桑比克马普托、意大利博洛尼亚、蒙古乌兰巴托、日本泉佐野等多位国际友城的市长精心准备了视频，在世界各地为成都送上祝福，并希望与成都开展更深入的国际交流合作。

第四节

建设高效的政务服务平台

　　成都致力于打造优越的营商环境和便捷的市民生活环境，近年来大力推进一系列措施优化政府服务平台，用互联网、大数据和人工智能等先进技术实现政务服务标准化和数字化，为企业和市民提供高效优质的政务服务。

一　推进政务服务标准化

深入推进审批服务标准化。一是规范审批服务事项，实行动态调整。印发《一体化政务服务平台行政权力（公共服务）事项个性清单动态调整办法（试行）》等规范性文件，对政务服务事项进行清单管理、动态管理，并及时向社会公布。按照四川省统一编码规则赋予代码，是同一政务服务事项的唯一标识。二是规范事项办理流程，压缩自由裁量权。以《行政许可标准化指引（2016）版》为指导，结合近年来各窗口工作实际情况和相关工作要求，印发了《办事指南编制规范》；在四川省一体化平台中针对每个政务服务事项，编制事项服务指南（含流程图）。推进同一事项无差别化受理、同标准办理，全面消除审批服务中的模糊条款，属于兜底性质的"其他材料""有关材料"等，逐一明确。印发《窗口工作人员培训教材》，规范前后台工作规程。三是规范服务标准，建立运行评价标准。根据四川省地方标准《政务服务中心服务质量规范（DB 51T 1172-2010）》《政务中心窗口工作人员管理规范（DB 51T 1622-2013）》等，制定《窗口工作人员培训教材》，建立服务配套制度，从大厅管理、设备管理、人员着装、服务态度等多维度制定专项制度，不断提升服务效能和公众满意度。利用视频监控系统对市本级、所辖区（市）县、乡镇（街道）三级政务服务窗口服务情况进行实时监督。

二　促进审批流程科学化

建立统一受理平台，集成搜索引擎、智能 OCR、流程引擎等，实现审批要点自动提醒和 AI 辅助审批，降低受理审批人员工作难度，支持部门窗口、综合窗口和主题式窗口多种受理模式。建立业务、技术和数据三个中台，完成电子证照、电子签章、智能客服系统、好差评系统、政策蓉易享等公共支撑系统搭建。完成流程引擎、电子表单、报表组件、移动端应用开放平台、移动端智能网关等技术组件开发。完成分布式大数据平台和分布式数据部署。优化四川政务服务网成都分站点和"天府蓉易办"微信小程序企业版，提供场景式在线办事导航、智能客服、主题式服务等功能，并为注册市民和企业提供专属个人空间和企业空间。

三 推动要素管理制度化

根据《关于构建更加完善的要素市场化配置体制机制的意见》（以下简称"意见"），近年来成都市出台一系列文件和制度，大力推动要素市场配置机制，实现要素管理制度化，以及相关制度改革。在充分发挥市场配置资源的决定性作用的前提下，就"土地、劳动、资本、技术、数据、知识、管理"七大生产要素提出了市场化改革举措。

（1）完善主要由市场决定要素价格机制。完善城乡基准地价、标定地价的制定与发布制度，逐步形成与市场价格挂钩动态调整机制。健全最低工资标准调整、工资集体协商和企业薪酬调查制度。深化国有企业工资决定机制改革，完善事业单位岗位绩效工资制度。建立公务员和企业相当人员工资水平调查比较制度，落实并完善工资正常调整机制。

（2）加强要素价格管理和监督。引导市场主体依法合理行使要素定价自主权，推动政府定价机制由制定具体价格水平向制定定价规则转变。构建要素价格公示和动态监测预警体系，逐步建立要素价格调查和信息发布制度。完善要素市场价格异常波动调节机制。加强要素领域价格反垄断工作，维护要素市场价格秩序。

（3）健全生产要素由市场评价贡献、按贡献决定报酬的机制。着重保护劳动所得，增加劳动者特别是一线劳动者劳动报酬，提高劳动报酬在初次分配中的比重。全面贯彻落实以增加知识价值为导向的收入分配政策，充分尊重科研、技术、管理人才，充分体现技术、知识、管理、数据等要素的价值。

（4）健全要素市场化交易平台。拓展公共资源交易平台功能。健全科技成果交易平台，完善技术成果转化公开交易与监管体系。引导培育大数据交易市场，依法合规开展数据交易。支持各类所有制企业参与要素交易平台建设，规范要素交易平台治理，健全要素交易信息披露制度。

（5）完善要素交易规则和服务。研究制定土地、技术市场交易管理制度。建立健全数据产权交易和行业自律机制。推进全流程电子化交易。推进实物资产证券化。鼓励要素交易平台与各类金融机构、中介机构合作，形成涵盖产权界定、价格评估、流转交易、担保、保险等业务的综合服务体系。

（6）提升要素交易监管水平。打破地方保护，加强反垄断和反不正当竞争执法，规范交易行为，健全投诉举报查处机制，防止发生损害国家安全及公共利益的行为。加强信用体系建设，完善失信行为认定、失信联合惩戒、信用修复等机制。健全交易风险防范处置机制。

（7）增强要素应急配置能力。把要素的应急管理和配置作为全市应急管理体系建设的重要内容，适应应急物资生产调配和应急管理需要，建立对相关生产要素的紧急调拨、采购等制度，提高应急状态下的要素高效协同配置能力。鼓励运用大数据、人工智能、云计算等数字技术，在应急管理、疫情防控、资源调配、社会管理等方面更好发挥作用。

参考文献

《习近平谈治国理政》，外文出版社2014年版。

白国强等：《广州打造高水平对外开放门户枢纽的策略思考》，《城市观察》2019年第3期。

王德培：《中国经济2020 全球城市的本质：超级枢纽》，中国友谊出版公司2020年版。

蔡朝林：《建设高水平对外开放门户枢纽的策略与路径——以广东自贸试验区广州南沙新区片区为例》，《暨南学报》2018年第235期。

王海飞：《枢纽型门户城市竞争力综合评价及发展对策研究——以广东省肇庆市为例》，《西北师范大学学报》（自然科学版）2016年第2期。

肖林：《国家试验：中国（上海）自由贸易试验区制度设计》，上海人民出版社2015年版。

张茉楠：《全球经贸规则体系正加速步入"2.0时代"》，《宏观经济管理》2020年第4期。

王胜、曾晓明、韩晶磊、许子涵：《学习新加坡经验，进一步优化海南营商环境》，《今日海南》2020年第6期。

周迎洁、刘小军、过晓颖：《中国自贸区服务业开放制度创新研究——基于迪拜、新加坡经验的启示》，《当代经济》2016年第1期。

《成都市产业发展白皮书（2020）》，四川人民出版社2021年版。

范锐平：《高水平打造西部国际门户枢纽 加快建设"一带一路"开放高地》，《先锋》2018年第6期。

张占斌：《构建双循环新发展格局应把握好的几个关键问题》，《国家治理》2020 年第 31 期。

杨杰：《"一带一路"背景下成都铁路口岸促进四川经济发展研究》，硕士学位论文，电子科技大学，2016 年。

彭茂、欧俊兰：《"一带一路"背景下四川省多式联运体系构建》，《商业经济研究》2016 年第 3 期。

王微：《抓住优势立足共识探索国际消费中心城市建设成都新路》，《先锋》2020 年第 1 期。

《公园城市消费场景建设导则（试行）》，2021 年版。

李扬帆：《坚持以产业功能区为基本单元 确立城市发展的功能索引和空间图谱》，《先锋》2021 年第 4 期。

牛庆燕：《现代性中的人性危机与生态困境》，《学术论坛》2012 年第 9 期。

范锐平：《优化空间布局 重塑经济地理 以产业功能区建设构建战略竞争优势》，《先锋》2019 年第 10 期。

范锐平：《以产业生态圈为引领 加快提升产业功能区能级》，《先锋》2021 年第 4 期。

范锐平：《科学规划建设高品质科创空间 加快培育区域经济增长极和动力源》，《先锋》2020 年第 9 期。

张帆：《关于河北省进一步扩大对外开放进程中开放平台建设路径探析》，《智库时代》2019 年第 8 期。

张微微：《"空港+综保区"：构建产业生态圈》，《四川党的建设》2018 年第 2 期。

后　记

中国的成都　世界的枢纽

当前，百年变局和世纪疫情交织叠加，世界进入动荡变革期。我们所处的是一个充满挑战的时代，也是一个充满希望的时代。

在"时"与"势"的变与不变中，新机遇与新发展的对应关系越来越清晰。眼下，中国庞大的消费潜力仍待激发、新一轮科技革命和产业变革持续共振、开放的大门仍在越开越大……在变中求新、在新中求进、在进中突破，才能更好解答时代命题，明确未来方向。

全球经济风云变幻之下，世界挖掘中国机遇、深耕中国市场的信心正越来越强。展望未来，实现"十四五"主要目标和2035年远景目标，关键要靠一大批城市为国家崛起强担当，为民族复兴做贡献。

在GaWC（全球化与世界级城市研究小组与网络）发布的2020年世界城市排行榜上，世界强二线（Beta+）城市的名单中，中国只有成都一个城市上榜。

相比2018年的排名，成都从Beta-前进了两个段位，上升了12个位次，从71位升至59位。这是成都排名连续三次拉升。

值得注意的是，GaWC排名不以GDP为依据，其主要通过考察生产性服务企业的全球网络，衡量主要城市的全球连通性以及在全球化经济中的融入度。

无论是历史还是现代的眼光来看，一流城市的发展，必然要从区域走向全球。开放创新不仅是全域性的，更是全球性的。它的力度与成色，构成了国际竞争力的重要指标,更是外资进入中国的"投资指南"。对标伦敦、东京、新加坡等世界城市和北京、上海等国内先发城市的经验,只有与时代演进同步、与全球大势同向,成都才能拥有持久的吸引力与内生力。

走向世界,本质上是以开放的大视野构建发展的大格局。牢固树立开放合作、创新创造的现代意识,敢为人先、走向世界的开放意识,互联互通、共享共赢的国际意识,善于在全球全国全省发展大势中借势而谋、顺势而为、乘势而上,以势壮场、以场聚势,推动城市走向现代、走向未来。

党的十九届五中全会提出,要坚持实施更大范围、更宽领域、更深层次对外开放,依托我国大市场优势,促进国际合作,实现互利共赢。这是在构建以国内大循环为主体、国内国际双循环相互促进的新发展格局下,就"开放促合作"命题提出的重大战略思路,这对于成都打造内陆开放高地,建设泛欧泛亚国际门户枢纽,可谓正逢其时。

当前的成都,正处于由区域中心城市迈向国家中心城市,进一步积蓄冲刺世界城市能量的关键节点,更高水平开放,已经成为成都走向世界、参与全球合作的核心要素。从战略部署到层层落实,作为成渝地区双城经济圈的极核城市,成都正以开放创新为新时代发展的最大变量和最强动能,努力成为国内大循环的战略腹地和国际大循环的门户枢纽。

加快推进中国(四川)自贸区建设,持续深化"放管服"改革,打造国际化无差别营商环境,全力促进生产要素自由便利流动、吸引全球先进企业和高端人才加速集聚……剑指世界城市的成都,正一步步铺就城市的开放创新之路。

以更大的开放拥抱发展机遇,以更好的合作谋求互利共赢。经略全球,开拓未来,持续提升成都在全球城市网络体系中的节点地位和枢纽功能,更好服务国家发展大局——这是一种眼界和胸怀,是一种站位和格局,更是一座阔步走向世界的城市与时俱进的品格使然。